Identidades

Exploraciones e interconexiones

Student Activities Manual

K. Angelique Dwyer
Gustavus Adolphus College

Identidades

Exploraciones e interconexiones

Third Edition

Elizabeth Guzmán
University of Iowa

Paloma Lapuerta
Central Connecticut State University

Judith E. Liskin-Gasparro
University of Iowa

Matilde Olivella de Castells
(Late)

PEARSON

Boston Columbus Indianapolis New York San Francisco Upper Saddle River
Amsterdam Cape Town Dubai London Madrid Milan Munich Paris Montréal Toronto
Delhi Mexico City São Paulo Sydney Hong Kong Seoul Singapore Taipei Tokyo

Senior Acquisitions Editor: Tiziana Aime
Executive Editor, Spanish: Julia Caballero
Editorial Assistant: Jonathan Ortiz
Editorial Coordinator: Regina Rivera
Executive Marketing Manager: Kris Ellis-Levy
Senior Marketing Manager: Denise Miller
Marketing Assistant: Michele Marchese
Development Editors: Scott Gravina, Harriet Dishman
Executive Editor, MyLanguageLabs: Bob Hemmer
Senior Media Editor: Samantha Alducin
Senior Managing Editor for Product Development: Mary Rottino
Associate Managing Editor (Production): Janice Stangel
Production Project Manager: María F. García
Senior Art Director: Maria Lange
Audio-Visual Project Manager: Gail Cocker
Interior Design: Element LLC
Senior Manufacturing and Operations Manager, Arts and Sciences: Nick Sklitsis
Operations Specialist: Alan Fischer
Full-Service Project Management: Element LLC
Composition: Element LLC
Printer/Binder: Edwards Brothers Malloy
Cover Printer: Lehigh-Phoenix Color/Hagerstown
Image Credit: © MANDY GODBEHEAR/Shutterstock
Publisher: Phil Miller

---

10 9 8 7 6 5 4 3 2 1—V069—14 13 12

ISBN-10: 0-205-03616-3
ISBN-13: 978-020-503616-5

www.pearsonhighered.com

Contents

To the Student

The *Identidades Student Activities Manual* has been created to accompany and supplement the *Identidades* textbook. It is designed to strengthen your vocabulary, reading, listening, and writing skills in Spanish by providing a variety of exercises that are directly related to the themes and cultural issues developed in the textbook.

Each chapter of the *Identidades Student Activities Manual* contains two sections, which parallel those found in the textbook: *Primera parte* and *Segunda parte*. Activities in each section range from discrete to open-ended formats and are often linked to realia pieces, listening exercises, or cultural information and references. The content of the manual is distributed in the following way:

Primera parte

A leer—reinforces vocabulary introduced in the textbook through a rich variety of exercises. This section also includes an authentic reading with accompanying activities.

Aclaración y expansión—practices the grammar concepts introduced in the textbook through a variety of exercises.

Ventanas al mundo hispano—expands listening comprehension skills based on culture-based video segments.

Segunda parte

A leer—reinforces vocabulary introduced in the textbook through a rich variety of exercises. This section also includes an authentic reading with accompanying activities.

Aclaración y expansión—practices the grammar concepts introduced in the textbook through a variety of exercises.

Algo más—reinforces understanding of an additional grammar component.

A escribir—provides guidance and topics for written exercises.

A explorar—presents guidelines for structured Internet-based research activities.

Nombre: ______________________ Fecha: ______________

¿Quiénes somos y de dónde venimos?

PRIMERA PARTE

A leer

Vocabulario en contexto (p. 4)

01-01 Asociaciones. Seleccione (√) los pueblos que son de origen indígena en Latinoamérica.

1. aymara
  a. Sí
  b. No

2. azteca
  a. Sí
  b. No

3. hispano
  a. Sí
  b. No

4. inca
  a. Sí
  b. No

5. latino
  a. Sí
  b. No

6. mestizo
  a. Sí
  b. No

7. español
  a. persona de origen heterogéneo
  b. persona de origen indígena

01-02 Crucigrama. Escriba el sinónimo de las siguientes expresiones para completar el crucigrama.

Horizontal:

1. aclarar: ______________________

2. conservar: ______________________

3. seleccionar: ______________________

Vertical:

4. invadir, dominar: ______________________

5. localizar: ______________________

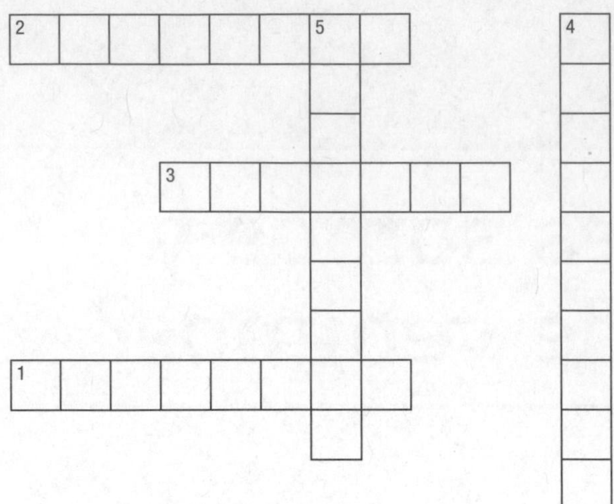

01-03 Antónimos. Asocie cada expresión con su antónimo o significado opuesto.

1. _____ antes	**a.** malo para la salud
2. _____ heterogéneo	**b.** diferencia
3. _____ semejanza	**c.** después
4. _____ saludable	**d.** homogéneo

Lectura (p. 5)

01-04 El contacto de culturas. Complete las oraciones con las palabras de la lista.

antecedentes	diversidad	herencia	huellas
costumbres	frontera	heterogéneo	valores

1. Las ____________________, lenguas y tradiciones de la población estadounidense son variadas.

2. Al cruzar la ____________________ y entrar a Estados Unidos, los nuevos inmigrantes buscan una mejor calidad de vida, respeto y seguridad.

3. Las ____________________ culturales de cada grupo se manifiestan en la creación de establecimientos, organizaciones y periódicos en la comunidad donde residen.

4. Gracias a la inmigración de varios grupos étnicos, Estados Unidos es un país ____________________.

5. Estos grupos étnicos comparten su ____________________ cultural e histórica con las nuevas generaciones de estadounidenses.

Nombre: ______________________________ Fecha: ____________________

01-05 Preparación. Escriba sus respuestas a las siguientes preguntas: ¿Quiénes son los hispanos? ¿De dónde vienen? ¿Por qué hablan español?

____

____

____

____

01-06 Perfiles demográficos. Lea el siguiente artículo sobre el censo en Estados Unidos.

El censo en Estados Unidos

La información del censo se recoge cada diez años para marcar claramente los cambios demográficos del país. El censo es importante para el país porque determina con bastante eficacia el número de personas que viven en los Estados Unidos, el tipo de vivienda que tienen y el porcentaje de la población que es de diferentes etnias, razas, edades y sexos. El censo también permite hacer comparaciones entre los 50 estados del país, el Distrito de Columbia y Puerto Rico.

Los datos del censo se obtienen a través de visitas a las casas y formularios de censo que cada persona debe rellenar. El público puede tener acceso a esta información en las bibliotecas públicas, en las oficinas del gobierno y en Internet. Los resultados se recogen en cada estado y después se analizan a nivel nacional. Es una ley (*law*) del gobierno federal rellenar una solicitud del censo por familia.

El censo más reciente muestra que en EE.UU. hay 308,745,538 habitantes. Según los resultados, la población hispana es la minoría étnica y racial más numerosa con un total de aproximadamente 35,305,818 habitantes. De este número, el 58% es de origen mexicano, el 10% es de origen puertorriqueño, el 3.5% es cubano, el 2.2% es dominicano, el 4.8% es de Centroamérica, el 3.8% es de Sudamérica y el 17.6% se identifica con la categoría "otros".

Lea las siguientes afirmaciones y determine si son **ciertas**, **falsas** o si la información **no se menciona** en el texto.

1. Los datos del censo se recogen (*collect*) anualmente.

a. cierto **b.** falso **c.** no se menciona

2. El censo indica la población del país.

a. cierto **b.** falso **c.** no se menciona

3. De no completar el formulario del censo los ciudadanos pueden tener problemas con la policía.

a. cierto **b.** falso **c.** no se menciona

4. Una persona por familia rellena la solicitud del censo.

a. cierto **b.** falso **c.** no se menciona

5. La mitad de la población hispana en EE.UU. es de origen mexicano.

a. cierto **b.** falso **c.** no se menciona

01-07 Pros y contras. En su opinión, ¿cuál es una ventaja y una desventaja de tener un censo en Estados Unidos?

____

____

Nombre: ______________________ Fecha: ______________________

01-08 Impacto social. Explique oralmente el impacto positivo que tiene la presencia de la población hispana en Estados Unidos en una de las siguientes áreas.

- trabajos o servicios que proveen
- contribuciones a la economía
- impacto lingüístico y cultural

Aclaración y expansión (p. 8)

01-09 ¿*Ser* o *estar*? Escuche las oraciones y, luego, indique por qué se usa **ser** o **estar** en cada una.

1. **a.** cambio de condición **b.** localización **c.** hora de un evento **d.** identificación

2. **a.** origen **b.** cambio de condición **c.** posesión **d.** localización

3. **a.** posesión **b.** característica intrínseca **c.** origen **d.** acción en progreso

4. **a.** material **b.** realización de un evento **c.** origen **d.** identificación

5. **a.** origen **b.** acción en progreso **c.** cambio de condición **d.** posesión

6. **a.** localización **b.** origen **c.** material **d.** identificación

01-10 Más sobre *ser* y *estar*. Complete las siguientes oraciones con el presente del verbo **ser** o **estar**.

1. Una persona autóctona ______________ una persona indígena.
2. En Estados Unidos, las huellas de la cultura hispana ______________ evidentes en el uso del español y del *espanglish*.
3. Los inmigrantes hispanos ______________ contentos de colaborar en las comunidades donde viven.
4. La población hispana más grande de Estados Unidos ______________ de México.
5. Algunos inmigrantes hispanos ______________ médicos, científicos o profesores, y otros tienen profesiones que requieren de mucho talento pero menos educación formal.
6. Normalmente, las celebraciones hispanas ______________ alegres y coloridas.
7. Algunas personas ______________ sorprendidas por el gran número de hispanos que hay en Estados Unidos.
8. "Yo soy Joaquín" ______________ un poema de Rodolfo Corky González.
9. Nueva York, Miami y Los Ángeles ______________ ciudades que tienen una gran población de hispanos.
10. Los inmigrantes que viven en EE.UU. constantemente ______________ informándose sobre las nuevas leyes de inmigración.

01-11 Amigas universitarias. Lea la siguiente conversación entre dos amigas. Llene los espacios en blanco con el presente de **ser** o **estar**.

Ana: Hola Silvia. ¿Cómo (1) ______________?

Silvia: Muy bien. ¿Y tú?

Ana: ¡Muy contenta! Tengo algo que mostrarte. Esta (2) ______________ la foto de mis amigos de la universidad.

Silvia: ¡Ah! ¡Mira! ¡Qué deportistas (3) ______________ todos! ¿Cómo se llaman?

Ana: A la derecha de Samuel (4) ______________ Mirna. Luego, Marcos, Ariel y José.

Silvia: Conozco a Mirna y a Samuel pero no conozco a los otros chicos.

Ana: Bueno, Marcos (5) ______________ estudiante de administración, tiene 20 años. Ariel y José (6) ______________ cubanos de Miami. Los dos (7) ______________ estudiantes de arquitectura. Oye, Silvia, a propósito, ¿todavía (8) ______________ (*tú*) la novia de Pablo?

Silvia: ¡Sí! Nosotros todavía (9) ______________ novios. Pablo (10) ______________ muy divertido y amoroso conmigo. Además, tenemos mucho en común.

Ana: ¡Qué bueno! Me da mucho gusto.

01-12 Una fiesta española. Complete la siguiente carta con el presente de **ser** o **estar**.

Estimada Profesora:

Las fiestas de San Fermín (1) ______________ en Pamplona, la capital de la provincia de Navarra, España. El festival de San Fermín (2) ______________ todos los años del 7 al 14 de julio. Nuestra familia (3) ______________ de vacaciones durante ese mes y pensamos ir a Pamplona. ¡Nosotros (4) ______________ muy emocionados de visitar Pamplona! El encierro (*running of the bulls*) (5) ______________ un acto peligroso que requiere mucha agilidad de los participantes. Las personas que participan en un encierro tienen que evadir los toros que (6) ______________ corriendo hacia ellos. A muchas personas no les gusta participar en un encierro, pero a mí me gusta mucho la idea y (7) ______________ listo para vivir la vida al máximo.

Sinceramente,

Su estudiante de español

01-13 Un viaje al extranjero. Usted acaba de volver de un país hispano donde vivió por cuatro meses. Responda a las siguientes preguntas oralmente.

- ¿Cómo describiría el país y su gente?
- ¿Cómo es la vida diaria de una familia típica de ese país?
- ¿Cómo se siente usted ahora que está de regreso?

01-14 Las celebraciones en Estados Unidos. Responda a las siguientes preguntas. ¿Qué se celebra el Cinco de Mayo? ¿De dónde son las personas que lo celebran? ¿Dónde y cómo lo celebran? Use los verbos **ser** y **estar** en sus oraciones.

____

____

01-15 Estudiantes internacionales. Escuche a los estudiantes internacionales. Después, complete la información sobre cada uno.

Pedro:

1. Lugar de origen:	**a.** Lima	**b.** Cuzco	**c.** Trujillo
2. Año de estudios:	**a.** primer año	**b.** segundo año	**c.** tercer año
3. Impresión de la ciudad:	**a.** interesante	**b.** grande	**c.** superpoblada

Clara:

4. Lugar de origen: **a.** Los Mochis **b.** Mazatlán **c.** Manzanillo
5. Año de estudios: **a.** primer año **b.** segundo año **c.** tercer año
6. Impresión de la ciudad: **a.** bonita **b.** interesante **c.** grande

Sandra:

7. Lugar de origen: **a.** Perú **b.** Ecuador **c.** Colombia
8. Año de estudios: **a.** primer año **b.** segundo año **c.** tercer año
9. Impresión de la ciudad: **a.** interesante **b.** increíble **c.** superpoblada

01-16 Es su turno. Usted es un estudiante de intercambio en Quito, Ecuador y debe presentarse a sus compañeros de clase. Responda a las siguientes preguntas oralmente.

- ¿Cómo se llama?
- ¿De dónde es?
- ¿En qué año de estudio está usted?
- ¿Qué clases está tomando este semestre?

Ventanas al mundo hispano (p. 13)

Antes de ver

01-17 ¿Recuerda usted? En este capítulo, se señalan algunas características importantes de los hispanos en Estados Unidos. Seleccione la afirmación que mejor complete cada oración.

1. En Estados Unidos hay aproximadamente ____________________.
   a. 5 millones de hispanos **b.** 20 millones de hispanos **c.** 40 millones de hispanos
2. La mayor parte de los hispanos en Estados Unidos son de origen ____________________.
   a. mexicano **b.** puertorriqueño **c.** centroamericano
3. El estado que tiene más hispanos es ____________________.
   a. California **b.** Florida **c.** Texas
4. La ciudad con el mayor número de hispanos en Estados Unidos es ____________________.
   a. Nueva York **b.** Miami **c.** Los Ángeles

01-18 ¿Qué significa? En este segmento de video, usted va a conocer a dos jóvenes hispanos que ahora viven en Nueva York. ¿Entiende estas expresiones que van a usar? Marque (√) la respuesta que corresponde.

Denis dice:

1. "Soy *periodista*".
   a. _____ Trabaja en medios de comunicación.
   b. _____ Vende periódicos.
2. "Las arepas son una comida típica de Colombia, hechas de *maíz*".
   a. _____ vegetal de granos generalmente amarillos, originario de América Latina
   b. _____ vegetal blanco que se utiliza normalmente en las ensaladas
3. "Esos son los elementos que a mí como escritor *me nutren*".
   a. _____ me preocupan
   b. _____ me enriquecen

Itandehui dice:

4. "*Soy nacida* en Oaxaca".
   a. _____ Me encuentro en Oaxaca.
   b. _____ Mi lugar de origen es Oaxaca.

5. "…nuestros *puntos de vista*".
   a. _____ perspectivas
   b. _____ miedos

6. "Tengo la *fortuna* de vivir en Nueva York".
   a. _____ dinero
   b. _____ suerte

Mientras ve

01-19 ¿Entendió? Seleccione la respuesta que corresponde según lo que dicen los protagonistas de este segmento.

Denis:

1. Respecto a su origen es ____________________.
   a. mitad colombiano, mitad argentino   b. mitad colombiano, mitad americano
2. Ahora vive en ____________________.
   a. Miami   b. Jackson Heights
3. Quiere escribir una ____________________.
   a. novela   b. obra de teatro

Itandehui:

4. Dice que Oaxaca es una ciudad muy ____________________.
   a. dinámica   b. tranquila
5. Trabaja en ____________________.
   a. el Departamento de Comunicaciones   b. una academia de música
6. Piensa que saber más de un idioma te ____________________.
   a. permite ganar más dinero   b. abre nuevas posibilidades de trabajo

Después de ver

01-20 Vamos a resumir. Marque (√) la afirmación que mejor resume el tema del video que acaba de ver.

1. _____ Denis e Itandehui hablan de sus países de origen, de las diferencias entre Colombia, México y Estados Unidos y de la necesidad de promover el estudio del español en este país.
2. _____ Denis e Itandehui trabajan en Nueva York para mejorar la situación de los hispanos y para que exista una mayor representación política de la comunidad hispana.
3. _____ Denis e Itandehui hablan de sus actividades, intereses y del significado de ser hispano en Estados Unidos.

Nombre: ______________________ Fecha: ______________

SEGUNDA PARTE

A leer

Vocabulario en contexto (p. 14)

01-21 Crucigrama. Lea las siguientes afirmaciones y llene el espacio en blanco con la palabra que mejor corresponde para completar el crucigrama.

Horizontal:

1. La __________ es un ritmo brasileño.
2. La __________ y el timbal son instrumentos esenciales para tocar salsa.
3. El acordeón es un instrumento central del __________ mexicano.
4. Se les llama "congueros" a los músicos que tocan la __________, la cual es de Cuba.
5. La conga es un tambor que se usa para tocar __________ y otros ritmos populares latinos.

Vertical:

6. El __________ se considera uno de los instrumentos principales del merengue dominicano.
7. Los instrumentos de __________ se usan en la música de los países andinos.

01-22 Origen. Primera fase. Escoja el país de donde viene cada ritmo. Use Internet si es necesario.

1. Tango
   a. Argentina b. Uruguay c. México
2. Cumbia
   a. Colombia b. Argentina c. Perú
3. Mariachi
   a. Perú b. México c. Chile
4. Guarimba
   a. Costa Rica b. México c. Guatemala

5. Bossa nova
   a. Brasil b. Paraguay c. Bolivia
6. Bomba
   a. Ecuador b. Puerto Rico c. Argentina
7. Merengue
   a. República Dominicana b. Chile c. Perú

Segunda fase. Ahora indique el país donde generalmente se toca cada instrumento.

1. _____ el güiro	a. Perú
2. _____ los tambores	b. Argentina
3. _____ el cajón	c. República Dominicana
4. _____ el acordeón	d. Cuba

01-23 La salsa. Escuche la información sobre la salsa y complete las oraciones.

mambo	congas	maracas	corridos
tango	músicos	salsa	

1. La salsa es una fusión de ritmos latinos como el son, el bugalú, el chachachá y el ______________.
2. La ______________ nace en Nueva York en los años sesenta.
3. Los ______________ más influyentes en la creación de la salsa son el panameño Rubén Blades, la cubana Celia Cruz, el *Nuyorican* Tito Puente, el *Nuyorican* Willie Colón y el puertorriqueño Héctor Lavoe.

4. Los instrumentos que producen los sonidos más reconocidos de la salsa son los timbales, el cencerro, las ____________________, el trombón, la trompeta, el piano y el contrabajo.

5. Otros instrumentos que también se escuchan con menos frecuencia en la salsa son el tres, el cuatro, los bongós, el güiro, las ____________________ y la clave.

01-24 A escuchar con atención. Escuche la información sobre la salsa y responda a las siguientes preguntas.

1. ¿Por qué se le llama "salsa" a este género (*genre*) musical?
   a. Es un ritmo picante.
   b. Es una combinación de sabores musicales.
   c. El género originó en un restaurante mexicano.

2. ¿Cuáles son algunos de los ritmos que influyen en la salsa?
   a. el son, el bugalú, el chachachá y el mambo
   b. el merengue, la bossa nova y la rumba
   c. el tango, el corrido y la bachata

3. ¿Quiénes son los músicos más influyentes en la creación de la salsa?
   a. Mark Anthony, Jennifer López y Shakira
   b. Rubén Blades, Celia Cruz, Tito Puente y Héctor Lavoe
   c. El Gran Combo y Buena Vista Social Club

4. ¿Cuáles son los instrumentos que producen los sonidos más reconocidos de la salsa?
   a. el tres, el cuatro, los bongos, el güiro, las maracas y la clave
   b. el piano, el violín, el acordeón y la trompeta
   c. los timbales, el cencerro, las congas, el trombón, la trompeta, el piano y el contrabajo

Lectura (p. 16)

01-25 Asociaciones. Relacione las siguientes palabras con el significado más apropiado.

1. _____ la mujer	a. profesión
2. _____ la carrera	b. popularidad
3. _____ éxito	c. compañero
4. _____ interpretar	d. señora
5. _____ colega	e. actuar

01-26 Antes de leer. Responda a las siguientes preguntas. ¿Qué sabe usted sobre la actriz América Ferrera? ¿Cuáles de sus películas o programas de televisión conoce usted? ¿Qué opinión tiene sobre su trabajo? Si no la conoce, busque información sobre ella en Internet.

____

____

01-27 Una artista latina. Lea el siguiente artículo y, luego, determine si las afirmaciones son **ciertas, falsas** o si la información **no se menciona** en el texto.

Nombre: ____________________ Fecha: ____________________

América Ferrera no es una "chica fea"

La carrera de América Georgina Ferrera, una actriz hondureñoamericana, comienza en 2002 con su debut en la comedia independiente *Real Women Have Curves*. Ana, la protagonista de esta historia, se confronta y define lo que significa ser mujer en una comunidad mexicanoamericana de Los Ángeles. La película trata de temas como la obesidad, la seguridad física y emocional, las relaciones familiares, la educación y la sexualidad. Debido a su éxito en ese rol, Ferrera logra participar en *The Sisterhood of the Traveling Pants* (*I* y *II*) donde continúa abogando por las jóvenes que tienen problemas de peso, pero que son felices sin tener que cambiar su aspecto físico. En 2006, Ferrera consigue el rol principal del programa de televisión *Ugly Betty*, un programa basado en la telenovela colombiana *Yo soy Betty, la fea*. Salma Hayek, la actriz y productora mexicana de *Ugly Betty*, frecuentemente hace referencia a la telenovela original. Betty Suárez, interpretada por Ferrera, es una joven de 22 años que, según sus colegas de trabajo, es muy fea. Lleva anteojos, usa frenos (*braces*) en los dientes, tiene cejas abundantes, se maquilla y se viste muy mal, todo lo cual es un problema porque trabaja para una revista de moda.

En 2007, Ferrera ganó un Globo de Oro y un Emmy por su actuación en *Ugly Betty*. Hoy, Ferrera es considerada un modelo a seguir por la juventud hispana.

1. Ana es una joven de 22 años que se viste muy mal. **a.** cierto **b.** falso **c.** no se menciona
2. A los 20 años, Ferrera ganó varios premios de modelaje, actuación y música. **a.** cierto **b.** falso **c.** no se menciona
3. El programa *Ugly Betty* está basado en un programa colombiano. **a.** cierto **b.** falso **c.** no se menciona
4. Ferrera es considerada muy fea por sus colegas. **a.** cierto **b.** falso **c.** no se menciona
5. En *Real Women Have Curves*, Ferrera trabaja en una revista de moda. **a.** cierto **b.** falso **c.** no se menciona

01-28 Más allá del texto. Responda a las siguientes preguntas. ¿Piensa usted que la apariencia física es importante? ¿Cree que la apariencia física se debe considerar al contratar a una persona?

____

____

____

____

01-29 Hispanos famosos en Estados Unidos. ¿Sabe usted quiénes son estos hispanos famosos? Asocie las personas con la información correcta.

1. _____ Pedro Martínez
2. _____ Ellen Ochoa
3. _____ América Ferrera
4. _____ Isabel Allende
5. _____ Mario J. Molina

a. Es una actriz hondureñoamericana.
b. Es una escritora chilena.
c. Es un jugador dominicano de béisbol.
d. Trabajó como astronauta de la NASA.
e. Es un mexicano que recibió el premio Nobel de Química en 1995.

Nombre: ______________________________ **Fecha:** ______________

01-30 Otras celebridades hispanas. Escriba un párrafo en el que describe a una de las siguientes personalidades. Incluya: el lugar de origen, una descripción física y otros aspectos importantes de su vida. Si no tiene información sobre ellos, haga investigación en Internet.

El cine: Eva Longoria, Salma Hayek, Penélope Cruz, Robert Rodríguez

La moda: Narciso Rodríguez, Carolina Herrera, Óscar de la Renta, Jennifer López

La televisión: Cristina Saralegui, don Francisco

La comedia: George López, Carlos Mencia

____

____

Aclaración y expansión (p. 19)

01-31 Tres artistas musicales. Lea la información sobre Christina Aguilera, Shakira y Julieta Venegas. Luego, indique si la información es cierta **(C)** o falsa **(F)**.

Christina Aguilera	Shakira	Julieta Venegas
Nació en Estados Unidos.	Nació en Colombia.	Nació en México.
Tiene 31 años.	Tiene 34 años.	Tiene 41 años.
Tiene un hijo.	No tiene hijos.	No tiene hijos.
Es cantante.	Es cantante.	Es cantante.
Cantó a dúo con Ricky Martin.	Cantó a dúo con Alejandro Sanz.	Cantó a dúo con los Tigres del Norte.
Le gusta bailar.	Le gusta bailar	Le gusta bailar.
Tiene muchísimo dinero.	Tiene mucho dinero.	Tiene mucho dinero.
Es muy baja.	Es baja.	Es alta.

1. _____ Christina es mayor que Julieta y Shakira.
2. _____ Christina es más alta que Shakira y Julieta.
3. _____ A Shakira le gusta bailar tanto como a Christina y a Julieta.
4. _____ Julieta tiene más hijos que Christina y Shakira.
5. _____ Shakira ha cantado a dúo con tantos músicos como Julieta.
6. _____ Christina tiene más dinero que Julieta y Shakira.

01-32 Más comparaciones. Escuche la música de dos de las tres artistas hispanas de la actividad **01-31**. Luego, escriba cinco oraciones comparativas. Si no tiene información sobre ellas, búsquela en Internet.

1. ____
2. ____
3. ____
4. ____
5. ____

Nombre: ______________________________ **Fecha:** ____________________

01-33 La vida no es justa. Escoja las expresiones más adecuadas para entender la frustración de Raquel.

1. ¡Qué injusticia! Jorge va a fiestas todos los fines de semana, duerme __________ cinco horas por noche y estudia poco, pero siempre sale bien en los exámenes.
   a. menos de **b.** menos que **c.** tanto como
2. Realmente no lo entiendo; a pesar de que estudio __________ Jorge, yo nunca saco mejores notas que él.
   a. como **b.** que **c.** de
3. Él generalmente saca notas __________ buenas como yo.
   a. tanto **b.** tantas **c.** tan
4. A veces, Jorge y yo estudiamos __________ tiempo juntos que él se aburre; por eso, él prefiere estudiar solo.
   a. tanta **b.** tanto **c.** tan
5. No sé qué hacer para tener __________ éxito como él.
   a. tan **b.** tanto **c.** tantas
6. Quiero tener __________ suerte como él en los estudios sin tener que hacer tanto esfuerzo (*effort*).
   a. tanto **b.** tan **c.** tanta

01-34 Mi visita al Uruguay. Escoja el adjetivo apropiado para completar el siguiente texto. Atención a la concordancia. Al insertarlo en el texto, haga los cambios necesarios al adjetivo.

atlético	bajo	elegante	estudioso	extrovertido	simpático

María y Paty Rubio son hermanas. Paty habla mucho porque es más (1) ____________ que su hermana María. Paty y María son más (2) ____________ que mis compañeras de cuarto. Mis compañeras de cuarto siempre están de mal humor. Este es Rafael; a él no le gusta estudiar y pasa mucho tiempo jugando baloncesto. Este es José Luis; es muy inteligente y trabajador. Es sin duda más (3) ____________ que el resto de nuestro grupo de amigos. Todos somos más (4) ____________ que José Luis porque él es altísimo. La chica que tiene la raqueta es Lucía. Ella es más (5) ____________ que Magdalena. A ella le encanta jugar al tenis, pero a Magdalena no le interesan mucho los deportes. Magdalena prefiere leer e ir al cine. Ella es la novia de Pepe. Pepe es una persona muy formal; es más (6) ____________ que el resto del grupo. Todos son muy simpáticos.

 **01-35 Las amigas complicadas.** Escuche la conversación entre dos amigas y determine si la afirmación corresponde a **Mirna,** a su amiga **Lucía** o a **nadie.**

1. Le encantan las películas de horror. **a.** Lucía **b.** Mirna **c.** nadie
2. Quiere ir a todas las fiestas. **a.** Lucía **b.** Mirna **c.** nadie
3. Siempre van juntas a la playa. **a.** Lucía **b.** Mirna **c.** nadie
4. Se despierta temprano. **a.** Lucía **b.** Mirna **c.** nadie

Nombre: ______________________________ Fecha: ____________________

01-36 Escuche y compare. Escuche la conversación entre dos amigas. Luego, complete las oraciones con las expresiones de la lista.

como	más	menos	que	tanto/a/os/as

1. A Lucía le gustan las películas de horror __________ __________ a Mirna.
2. Lucía se despierta __________ temprano __________ Mirna.
3. Lucía baila __________ __________ Mirna.
4. A Mirna le fascina el tenis __________ __________ a Lucía.
5. Mirna ve __________ partidos de tenis en la tele __________ Lucía.

01-37 A ponerlo en práctica. Busque en Internet información sobre dos lugares de la siguiente lista. Compare los **dos** lugares. Escriba su comparación, considerando los siguientes parámetros:

- las características del lugar
- la antigüedad
- la popularidad entre los turistas
- el costo para visitarlo

Las pirámides de Teotihuacán
Las líneas de Nazca
El Museo del Oro (en Colombia o Perú)
La Misión de San Juan Capistrano
La Alhambra
El puente del Alamillo
El Templo de Tenochtitlán
Las ruinas de Machu Picchu
El Pukara de Quitor
Las ruinas de Copán

____

____

01-38 Lila Downs en vivo. Escuche la siguiente opinión de una aficionada de Lila Downs. Después de escuchar, responda a las siguientes preguntas.

1. ¿Cómo son los conciertos de Lila Downs?
   a. fascinantes
   b. largos
   c. increíbles
2. ¿Qué es lo que más le gusta de los conciertos de Lila Downs a esta aficionada?
   a. el número de personas que asiste al concierto
   b. el talento que tiene Lila para fusionar ritmos latinos y canciones folklóricas
   c. la oportunidad de ver a esta artista cantar en vivo
3. ¿Qué ritmos incorpora Lila Downs a su música?
   a. el bolero, la ranchera y el corrido
   b. el tango y el flamenco
   c. la samba y la bossa nova
4. ¿Qué instrumentos se combinan en la música de Lila Downs?
   a. el acordeón, la guitarra, la batería y el cajón
   b. el bongo, el cajón, el arpa, el clarinete, el saxofón y los teclados
   c. el güiro, la clave, el arpa y el piano

5. En la opinión de esta aficionada, ¿cómo es Lila Downs?
   a. Es muy dinámica, baila muy bien y en general, tiene mucho talento.
   b. Es una cantante con una voz operática y mucho talento como bailarina.
   c. Es entretenida, cómica y vibrante.

Algo más (p. 22)

01-39 ¡Qué exagerado/a! Usted tiene un amigo/una amiga que exagera las cosas. Use el superlativo para expresar lo que dice su amigo/a.

1. Usted: No me gustan los perros grandes; por eso tengo un perro **pequeño.**

   Su amigo/a: ¡Pero, qué dices! Tu perro no es pequeño, es _______________; es el perro más pequeño del barrio.

2. Usted: Vamos a ese restaurante; allí sirven comida muy **rica,** aunque un poco **cara.**

   Su amigo/a: ¡Estás loco/a! La comida es _______________, pero es _______________. Vamos a un lugar de comida más barata.

3. Usted: Mi padre gana **poco,** pero su trabajo es **fácil.**

   Su amigo/a: Bueno… pero él gana _______________ porque su trabajo es _______________.

4. Usted: Mi hermana es **una buena** estudiante; pasa **mucho** tiempo en la biblioteca y en el laboratorio.

   Su amigo/a: ¡Qué modesto/a! Tu hermana es una estudiante _______________ y además pasa _______________ tiempo estudiando en la biblioteca o analizando datos en el laboratorio.

01-40 Miss Universo. Llene los espacios en blancos con la forma correcta del superlativo.

En el año 2010 la mexicana Ximena Navarrete Rosete ganó el concurso de Miss Universo. Para muchas personas ganar un concurso de belleza significa ser (1) _______________ mujer _______________ guapa del mundo. Ximena es tapatía, originaria del estado de Jalisco, de donde provienen (2) _______________ mujeres _______________ atractivas de México, según algunos. Las tapatías son conocidas por tener (3) _______________ ojos _______________ bonitos del país. Ximena es la segunda mexicana ganadora del concurso de Miss Universo, después de Lupita Jones en 1991.

01-41 Su opinión. Responda a las siguientes preguntas con ideas completas. Después justifique su opinión.

Modelo: En su opinión, ¿quién es el mejor actor hispano?

El mejor actor hispano es Javier Bardem. Ganó un Oscar el año pasado por su actuación estelar en No Country for Old Men.

1. En su opinión, ¿cuál es la mejor comida étnica?

   ____

2. Según usted, ¿cuál es el peor restaurante de nuestra ciudad?

   ____

3. En la opinión de sus padres, ¿cuál es la peor música?

4. En la opinión de su mejor amigo, ¿cuál es la mejor música?

A escribir (p. 25)

01-42 Primera fase: Preparación. Piense en las diferentes culturas presentes en su ciudad, región o país. Haga lo siguiente:

- Escriba tres o cuatro palabras que describen el barrio donde vive un grupo de inmigrantes en su ciudad, región o país.
- Mencione dos o tres manifestaciones (organizaciones, edificios, comida, lengua, deportes, festividades, etc.) de su presencia en el lugar.
- Anote dos ventajas de la presencia de este grupo en su comunidad.

Segunda fase: A escribir. Como reportero/a del periódico local, usted debe escribir un breve artículo sobre un grupo étnico en su país. Si es necesario, busque información en Internet. Escriba el artículo como sigue:

- Describa el grupo étnico: su origen, las características humanas del grupo y las del lugar donde vive.
- Describa las actividades que hace este grupo.
- Indique dos ventajas de la presencia de este grupo en su comunidad. Justifique cada ventaja.

Tercera fase: A editar. Antes de entregar el artículo, léalo de nuevo. Revise lo siguiente:

- **La precisión en el uso de la lengua:** el uso correcto del vocabulario, de las comparaciones, de *ser* y *estar*, etc.
- **Las formalidades de la lengua:** la puntuación y la ortografía.

Nombre: ______________________________ Fecha: ______________

A explorar (p. 28)

 **01-43 Cantantes hispanos. Primera fase.** Busque información en Internet sobre uno/a de los/las siguientes cantantes. Escuche la música del/de la cantante. Responda a las siguientes preguntas oralmente.

- ¿Cuál es el origen del/de la cantante?
- ¿Cuál es la edad y apariencia física del/de la cantante?
- ¿Cuál es su opinión personal sobre la música de este/esta artista?

Lila Downs	Alejandro Sanz	Enrique Iglesias
Wisin y Yandel	Thalía	Paulina Rubio

Segunda fase. Ahora escuche la música de otro cantante y compare a los artistas oralmente usando los siguientes parámetros.

- grado de éxito de los dos famosos
- tipo de música
- apariencia física

Nombre: ______________________ Fecha: ______________________

Nuestra lengua

PRIMERA PARTE

A leer

Vocabulario en contexto (p. 34)

02-01 Crucigrama. Escriba el sinónimo de cada expresión para completar el crucigrama.

Horizontales:

1. extenso: ______________________
2. mejorar: ______________________
3. obtener: ______________________
4. progresar: ______________________
5. narrar: ______________________
6. similar: ______________________

Verticales:

7. cambiar: ______________________
8. comprenderse: ______________________
9. diferente: ______________________

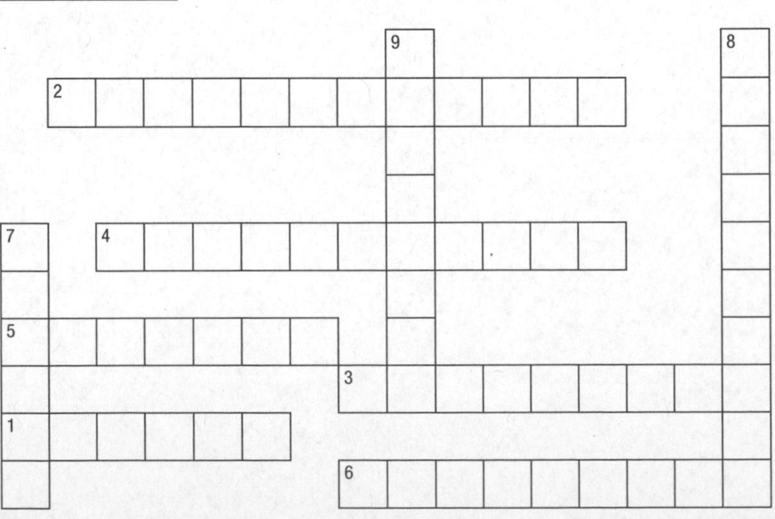

Nombre: ______________________________ Fecha: ______________

02-02 Las lenguas. Lea las siguientes afirmaciones y complete las oraciones con la expresión que mejor corresponda.

1. Para comunicarnos, usamos un ______________ específico.
   a. método b. código lingüístico c. país
2. Los lingüistas dicen que las lenguas que no tienen un código escrito ______________ con sus hablantes.
   a. hablan b. desaparecen c. contribuyen
3. ______________ son dos lenguas indígenas que se hablan en Sudamérica.
   a. El guaraní y el quechua b. El náhuatl y el maya c. El taíno y el zapoteca
4. ______________ son importantes en el origen de la lengua castellana.
   a. El inglés y el alemán b. El hebreo y el *espanglish* c. El árabe y el latín

02-03 Asociación. Indique si el lugar de origen de las siguientes lenguas es Europa y el Medio Oriente o las Américas y sus habitantes. Escoja la categoría que mejor le corresponda.

1. el árabe — a. Europa y el Medio Oriente — b. las Américas
2. el castellano — a. Europa y el Medio Oriente — b. las Américas
3. el celta — a. Europa y el Medio Oriente — b. las Américas
4. el *espanglish* — a. Europa y el Medio Oriente — b. las Américas
5. el francés — a. Europa y el Medio Oriente — b. las Américas
6. el godo — a. Europa y el Medio Oriente — b. las Américas
7. el griego — a. Europa y el Medio Oriente — b. las Américas
8. el guaraní — a. Europa y el Medio Oriente — b. las Américas
9. el hebreo — a. Europa y el Medio Oriente — b. las Américas
10. el maya — a. Europa y el Medio Oriente — b. las Américas
11. el náhuatl — a. Europa y el Medio Oriente — b. las Américas

Lectura (p. 36)

02-04 Antes de leer. Escoja el sinónimo de las siguientes expresiones. Si es necesario, consulte su diccionario.

1. _____ hogar — a. porción
2. _____ porcentaje — b. población
3. _____ habitantes — c. casa
4. _____ anteriormente — d. al mismo tiempo
5. _____ escuela — e. antes
6. _____ impartir — f. academia
7. _____ simultáneamente — g. dar

02-05 La lengua de sus antepasados. Responda a las siguientes preguntas: ¿Qué idioma(s) hablaban sus antepasados? ¿En qué lugares del mundo se habla(n) esta(s) legua(s) hoy en día? ¿Su familia todavía habla este idioma/estos idiomas? ¿Lo(s) habla usted?

____

____

____

____

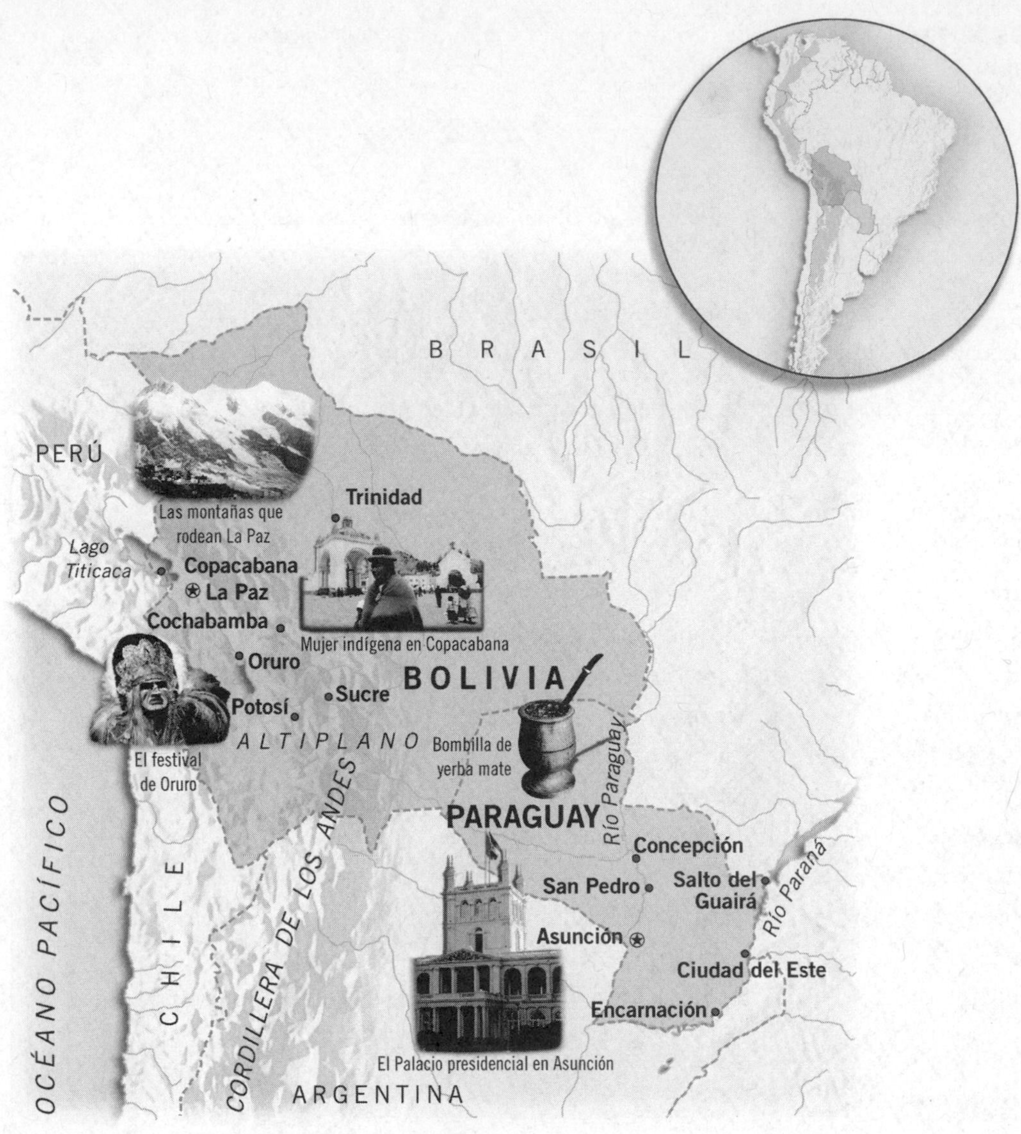

02-06 Una historia sobre el guaraní. Lea el siguiente texto y responda a las preguntas.

Paraguay: un país bilingüe

Paraguay es un caso de mucho interés en Latinoamérica ya que la mayor parte de sus habitantes habla tanto español como guaraní, una lengua indígena. El guaraní fue declarado lengua oficial en la Constitución paraguaya de 1992. Anteriormente se consideraba una lengua nacional.

El guaraní se usa como la lengua del hogar y del pueblo, mientras que el español es la lengua del comercio y de la escuela. Ciertamente existe un porcentaje de personas paraguayas que no hablan los dos idiomas, pero según varios censos, el 27% de los habitantes habla una de las dos lenguas solamente, en contraste con el 73% de la población que habla las dos lenguas oficiales. Por lo tanto, existen varias escuelas, tanto públicas como privadas, que imparten educación bilingüe. En la actualidad se está considerando la posibilidad de enseñar simultáneamente otros idiomas como el español y el portugués, particularmente en las escuelas fronterizas entre Brasil y Paraguay.

Una figura pública paraguaya importante es Juan Evangelista Aguiar, un gramático y estudioso de la lengua que contribuyó a la revisión de la ortografía española. Otras son Josefina Plá y Augusto Roa Bastos, dos escritores paraguayos del siglo veinte grandemente reconocidos por su producción literaria.

1. ¿Qué ocurrió en la Constitución de 1992?
   a. El guaraní escrito se estandarizó.
   b. El guaraní se prohibió.
   c. El guaraní se declaró lengua oficial.

2. ¿Dónde se habla guaraní?
   a. dentro del hogar y con el pueblo
   b. solamente en las escuelas
   c. en el comercio y en el trabajo

3. ¿Qué porcentaje de hablantes es el más grande?
   a. los que hablan guaraní y español
   b. los que hablan guaraní solamente
   c. los que hablan español solamente

4. ¿Quién contribuyó a la revisión de la ortografía española?
   a. Josefina Plá
   b. Juan Evangelista Aguiar
   c. Augusto Roa Bastos

5. En la actualidad, ¿qué dos lenguas se enseñan en las escuelas bilingües de Paraguay?
   a. el español y el quechua
   b. el español y el guaraní
   c. el español y el portugués

02-07 Más allá del texto. Responda a las siguientes preguntas. En su opinión, ¿cuáles son dos ventajas de recibir una educación bilingüe? ¿Hay dificultades u obstáculos? Explique.

____

____

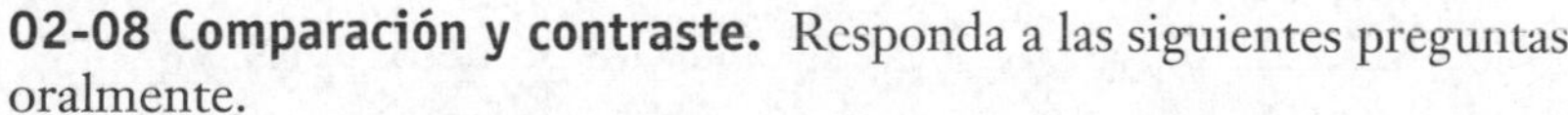

02-08 Comparación y contraste. Responda a las siguientes preguntas oralmente.

- Además del inglés, ¿cuáles son las lenguas más habladas en Estados Unidos? Si no sabe, busque la información en Internet.
- ¿Piensa usted que en el futuro otras lenguas van a predominar más que el inglés? ¿Por qué?

Aclaración y expansión (p. 39)

02-09 A ponerlo en práctica. Lea la biografía de Rosario Castellanos y, luego, indique el uso del pretérito que corresponde a cada verbo.

Rosario Castellanos: una escritora mexicana

Rosario Castellanos [1]**nació** en la Ciudad de México en 1925. Castellanos [2]**fue** a Chiapas por primera vez cuando tenía 10 años. Su familia [3]**compró** un rancho en Comitán, en el sur de México. Al conocer a los trabajadores que vivían en el rancho, Castellanos inmediatamente [4]**se inspiró** para escribir su novela *Balún Canan.* Esta novela apoya los derechos de los indios mayas. Durante los años 50 y 60 Castellanos [5]**publicó** poesías y novelas, [6]**escribió** ensayos sobre el feminismo y [7]**promovió** la cultura mexicana. En 1974 [8]**murió** en un trágico accidente.

a. acción o estado terminado en el pasado
b. secuencia de eventos, acciones o condiciones completados en el pasado
c. principio de un evento o una emoción

1. nació: _____
2. fue: _____
3. compró: _____
4. se inspiró: _____
5. publicó: _____
6. escribió: _____
7. promovió: _____
8. murió: _____

02-10 La expansión del español. Complete el siguiente párrafo con el pretérito del verbo.

El uso del español se (1) ________________ (extender) gracias a un evento único: la colonización de América. El español (2) ________________ (llegar) al continente americano con los conquistadores que buscaban nuevas oportunidades en América. Sin embargo, la llegada del idioma español a este vasto territorio no (3) ________________ (marcar) la desaparición de las lenguas nativas. En varios casos, los conquistadores y misioneros (4) ________________ (aprender) estas lenguas indígenas porque las (5) ________________ (usar) para comunicarse con el gran número de hablantes. El náhuatl en México y el quechua en Perú (6) ________________ (tener) una popularidad única en el comercio.

02-11 La gran historia de las culturas indígenas. Complete el siguiente párrafo con el pretérito del verbo.

Es imposible describir la arquitectura indígena en una sola palabra. De hecho, hay muchas teorías sobre la arquitectura avanzada que (1) ________________ (usar) los incas. Cuando los primeros europeos visitaron los templos y las pirámides incas, se (2) ________________ (sorprender) por la ingeniería con que los incas (3) ________________ (construir) estas estructuras. Los albañiles (*stone masons*) incas, por ejemplo, (4) ________________ (descubrir) una técnica que les permitió trabajar la piedra con mucha precisión. Ellos no tenían herramientas (*tools*) sofisticadas pero (5) ________________ (poner) las piedras de forma tan perfecta que no cabía (*fit*) una hoja de afeitar (*razor blade*) entre ellas. Tampoco se sabe cómo los incas (6) ________________ (obtener) las piedras que pesaban más de cien toneladas (*tons*) ni cómo las transportaron. Este es uno de los misterios de las civilizaciones indígenas que no se explican claramente en el presente.

02-12 Mito de la creación de Cuzco. Complete esta leyenda seleccionando la forma correcta de los verbos.

Después de un gran diluvio (*flood*), cuatro hermanos que se llamaban Ayar Uchu, Ayar Cachi, Ayar Manco y Ayar Auca (1) ________________ (salir / salieron / salió) con sus cuatro hermanas a buscar un lugar más fértil y próspero para vivir.

En el viaje llevaron con ellos a los miembros de diez familias. Todos (2) ________________ (se dirigen / se dirigieron / nos dirigimos) hacia el sudeste. Los hermanos tenían celos de Ayar Cachi, un hombre fuerte, y querían matarlo. Un día, cuando Ayar Cachi entró en una caverna, uno de sus sirvientes cerró la entrada con una gran piedra y Ayar Cachi no (3) ____________ (pudieron / pude / pudo) jamás salir. Entonces, los viajeros (4) ____________ (llegué / llegaron / llegan) al monte Huanacauri donde (5) ____________ (descubrieron / descubren / descubrimos) un ídolo de piedra del mismo nombre. Ayar Uchu (6) ____________ (saltó / salté / saltaron) sobre la espalda de la estatua y, según la leyenda, fue petrificado instantáneamente, formando parte de la escultura.

Durante el viaje Ayar Auca también (7) ____________ (se transformaron / se transformó / te transformaste) en estatua de piedra en la pampa (*prairie*) del Sol. Finalmente, Ayar Manco y sus cuatro hermanas llegaron a Cuzco donde (8) ____________ (encontraron / encontró / encuentran) buenas tierras. De acuerdo con la leyenda, así se (9) ____________ (fundó / fundé / fundamos) la ciudad de El Cuzco, Perú.

02-13 Su turno. Ahora use su imaginación y el pretérito para narrar tres eventos o experiencias que posiblemente le ocurrieron a Ayar Manco durante su viaje.

____

____

____

____

02-14 Mi visita a las ruinas. Ayer usted tuvo un día increíble durante su visita a las ruinas de Machu Picchu con su clase de arqueología. Escríbales a sus padres para contarles todo lo que ocurrió. Use el pretérito.

Salí para Machu Picchu con mis compañeros de clase ____________

____

____

____

____

02-15 Mis antepasados. Escuche la narración de Enrique sobre sus antepasados y escoja la respuesta correcta.

1. ¿De dónde eran los padres de Enrique?
   a. Argentina **b.** Alemania **c.** Italia
2. ¿Qué lengua hablaba el padre de Enrique con su esposa?
   a. alemán **b.** español **c.** italiano
3. ¿A dónde quiere viajar Enrique en el futuro?
   a. Asia **b.** Australia **c.** Europa
4. ¿Qué lengua quiere aprender?
   a. italiano **b.** japonés **c.** alemán

Nombre: ________________ Fecha: ________________

02-16 Historia de la lengua. Escuche la lección sobre el origen de algunas palabras. Luego, determine si las afirmaciones son **ciertas, falsas** o si la información **no se menciona** en el texto.

1. La palabra *tomate* es de origen quechua. **a.** cierto **b.** falso **c.** no se menciona
2. La palabra *alpaca* es de origen aimara. **a.** cierto **b.** falso **c.** no se menciona
3. El náhuatl es una lengua indígena de los Andes. **a.** cierto **b.** falso **c.** no se menciona
4. La palabra *adobe* apareció en jeroglíficos egipcios. **a.** cierto **b.** falso **c.** no se menciona
5. La arquitectura colonial es característica de Latinoamérica. **a.** cierto **b.** falso **c.** no se menciona

Ventanas al mundo hispano (p. 45)

Antes de ver

02-17 Países multilingües en el mundo hispano. Conecte las lenguas con los países donde se hablan.

1. _____ catalán — **a.** Guatemala y México
2. _____ guaraní — **b.** Perú y Bolivia
3. _____ maya — **c.** España
4. _____ quechua — **d.** Paraguay
5. _____ náhuatl — **e.** México

02-18 Orígenes comunes. En este segmento de video, usted va a oír muchas expresiones que tienen cognados en inglés. Escriba el equivalente en inglés de las siguientes expresiones.

1. nativos: ________________
2. millones: ________________
3. regiones: ________________
4. diversidad: ________________
5. historia: ________________
6. mosaico de culturas: ________________
7. dialectos: ________________
8. indígena: ________________
9. obstáculo: ________________
10. entonación: ________________
11. imagen multicolor: ________________

Mientras ve

02-19 ¿En qué orden aparecen? Ordene los siguientes temas según se mencionan en el video. Comience con el número **1** y termine con el número **7**.

a. Palabras de origen indígena que se incorporaron al español _____
b. Manifestaciones culturales del mundo hispano _____
c. Número de hablantes de español en el mundo _____
d. Países donde se habla español _____

Nombre: ______________________ Fecha: ______________

e. Población hispana en Estados Unidos _____
f. Diferencias regionales del español _____
g. Contacto del español con lenguas indígenas de América _____

Después de ver

02-20 Vamos a resumir. Seleccione la afirmación que mejor resume el tema del video que acaba de ver.

1. _____ El español es una lengua de extraordinaria diversidad que a veces obstaculiza la comunicación entre los hablantes.
2. _____ El español es una lengua con ciertas diferencias regionales que mantiene una gran uniformidad.
3. _____ El español es la lengua con el mayor número de hablantes del mundo.

02-21 El *espanglish*. Primera fase. Para cada una de las siguientes palabras, escriba el equivalente en inglés.

1. rufo: ______________
2. troca: ______________
3. marqueta: ______________
4. lonche: ______________
5. mopear: ______________

Segunda fase. Ahora escriba el equivalente de las palabras en español. Puede usar su diccionario.

1. rufo: ______________
2. troca: ______________
3. marqueta: ______________
4. lonche: ______________
5. mopear: ______________

02-22 Las ventajas del multilingüismo. Escriba cuatro argumentos a favor de estudiar las lenguas extranjeras.

1. ______________________________
2. ______________________________
3. ______________________________
4. ______________________________

Nombre: ______________________ Fecha: ______________

SEGUNDA PARTE

A leer

Vocabulario en contexto (p. 46)

02-23 Asociaciones. Asocie cada palabra con la categoría que mejor le corresponda.

a. género literario **b.** tipo de lenguaje **c.** persona que usa el lenguaje

1. autor: ______________
2. ensayo: ______________
3. fábula: ______________
4. idioma: ______________
5. novela: ______________
6. dialecto: ______________
7. escritor: ______________
8. poeta: ______________
9. hablante: ______________
10. modismo: ______________
11. poesía: ______________

02-24 Antónimos. Asocie cada palabra con el significado opuesto.

1. _____ perfeccionar	**a.** separar
2. _____ cosmopolita	**b.** salir
3. _____ mezclar	**c.** provinciano
4. _____ llegar	**d.** perder
5. _____ encontrar	**e.** empeorar

02-25 Crucigrama. Lea las siguientes afirmaciones y escriba la expresión que mejor corresponda para completar el cucigrama.

Horizontales:

1. Cuando mis padres inmigraron a los Estados Unidos, fue difícil para ellos aprender el ______________.
2. Cuando una persona viaja a otro país por primera vez, es común ______________ el país de origen.
3. En la frontera entre México y Estados Unidos es común ______________ el inglés y el español.

Verticales:

4. En el ______________ callejero podemos comprar muchos productos frescos a un buen precio.
5. Hoy por la noche vamos al ______________ con nuestros amigos.

Lectura (p. 48)

02-26 Preparación. Escoja la traducción al español de los siguientes anglicismos.

1. _____ *beauty*	**a.** secadora de pelo
2. _____ *janguear*	**b.** manicura francesa
3. _____ *blower*	**c.** salón de belleza
4. _____ *French*	**d.** salir con amigos

02-27 Comprensión. Según lo que usted sabe, ¿cuáles son las principales diferencias entre el inglés americano y el inglés británico o australiano? ¿Es fácil que un británico comprenda a un australiano? ¿Por qué?

____

____

Personas que hablan español (en millones)

Estados Unidos 35
España 40,4
Cuba 11,4
República Dominicana 9,4
México 108,7
Puerto Rico 3,9
Guatemala 12,7
El Salvador 6,9
Honduras 7,5
Nicaragua 5,7
Venezuela 26
Filipinas 2,9
Costa Rica 4,1
Colombia 44,4
Guinea Ecuatorial 0,7
Panamá 3,2
Ecuador 13,8
Perú 28,7
Bolivia 9,1
Paraguay 6,7
Chile 16,3
Uruguay 3,4
Argentina 40,3

02-28 ¿Hablamos el mismo idioma? Lea el siguiente artículo y, luego, responda a las preguntas.

¿Hablamos el mismo idioma?

– Los anglicismos

La madre de mi novio es puertorriqueña y yo soy mexicana. Ella usa muchas palabras del inglés que en México no usamos. Por ejemplo, ella dice que tiene que ir al *beauty* para hacerse un *French*, en otras palabras, ella quiere ir al salón de belleza (o a la esteticista) para hacerse la manicura francesa. Cuando quiere secarse el pelo me pide el *blower*, o sea el secador. Lo más divertido es cuando ella me dice "vamos a *janguear*", una adaptación de *hang out*. Cuando yo quiero pasar tiempo con mis amigos, *salimos a un lugar* o *vamos a la casa de un amigo*. Entiendo lo que dice la madre de mi novio porque sé hablar inglés. Pero, de lo contrario, ¡necesitaría un diccionario bilingüe!

– Cuando lo mismo significa algo diferente

Mi novio es mexicano y yo soy colombiana. Para mí la palabra *ahora* significa *ahora*. Para los mexicanos significa *después* o en un ratito. Al principio de nuestra relación, una vez mi novio me dijo "paso a buscarte ahorita". Pensé que iba a venir por mí en 10 minutos. Pero, cuando llegó una hora después, ¡yo estaba furiosa! Ahora entiendo que cuando él dice *ahorita*, significa *después*.

– Diversidad

¡Qué diferente hablamos los latinos! Los hispanohablantes hablan una misma lengua, pero el vocabulario varía tanto de un país a otro. El aguacate en Chile se llama *palta*. El plátano en Puerto Rico se llama *guineo*. El maíz en México se llama *elote*. La palabra *straw* tiene muchas traducciones diferentes: *popote* (México), *pajita* (España) y *sorbeto* (Puerto Rico).

Ahora vuelva a leer el artículo e indique si las siguientes afirmaciones son **ciertas**, **falsas** o si la información **no se menciona** en el texto.

1. Las personas hispanas tienen mucho talento musical. — **a.** cierto **b.** falso **c.** no se menciona
2. En el español de Puerto Rico hay pocos anglicismos. — **a.** cierto **b.** falso **c.** no se menciona
3. En español hay muchas traducciones de la expresión *to hang out.* — **a.** cierto **b.** falso **c.** no se menciona
4. Si pido un *straw* en un restaurante en Madrid, uso la palabra *popote.* — **a.** cierto **b.** falso **c.** no se menciona
5. *Ahora* y *ahorita* significan dos cosas diferentes para los hablantes de distintos países. — **a.** cierto **b.** falso **c.** no se menciona

02-29 En mi lengua. Después de leer el texto sobre las variaciones del español, responda a las siguientes preguntas.

1. ¿Existen variaciones regionales en su lengua? Escriba dos o tres ejemplos.

____

____

2. Escriba cuatro palabras del español que usted usa regularmente porque se han incorporado al inglés. Si existe un equivalente en inglés, ¿por qué cree usted que se usa la palabra en español?

____

____

Nombre: ______________________ Fecha: ______________

 **02-30 El *espanglish*.** Escuche a algunos hispanos hablar sobre su vida en Estados Unidos y complete la tabla.

Marcos:

1. Lugar de origen:	**a.** Colombia	**b.** España	**c.** Venezuela
2. Años en EE.UU.:	**a.** 2	**b.** 4	**c.** 7
3. ¿Usa *espanglish*?	**a.** sí	**b.** no	**c.** un poco

Susana:

4. Lugar de origen:	**a.** Lima	**b.** Madrid	**c.** Los Ángeles
5. Años en EE.UU.:	**a.** 2	**b.** 4	**c.** 5
6. ¿Usa *espanglish*?	**a.** sí	**b.** no	**c.** un poco

Óscar:

7. Lugar de origen:	**a.** Quito	**b.** San Francisco	**c.** La Paz
8. Años en EE.UU.:	**a.** Nació aquí	**b.** 2 años	**c.** 6 años
9. ¿Usa *espanglish*?	**a.** sí	**b.** no	**c.** un poco

Aclaración y expansión (p. 52)

 **02-31 La niñez de Ricky Martin.** Escuche la información sobre la vida de Ricky Martin. Luego, escriba los verbos que escuche en imperfecto para completar las oraciones.

1. ______ en Puerto Rico.
2. ______ a un colegio privado.
3. ______ con un grupo llamado "Menudo".
4. ______ conciertos en diferentes pueblos de Puerto Rico.
5. ______ en autobús con su banda.

02-32 Chac-mool. Complete el siguiente párrafo con el imperfecto de los verbos.

Mientras el escritor mexicano Carlos Fuentes (1) ____________________ (escribir) su cuento *Chac-mool*, frecuentemente (2) ____________________ (visitar) el Museo Nacional de Antropología de la Ciudad de México. Le (3) ____________________ (gustar) contemplar la estatua original que muestra una figura precolombiana acostada con las manos en el estómago. Fuentes (4) ____________________ (pensar) que la figura lo (5) ____________________ (inspirar) a crear narraciones. De adolescente, Fuentes y sus parientes (6) ________________ (visitar) las pirámides mayas donde vio por primera vez al Chac-mool. Desde adolescente Fuentes (7) ________________ (preguntarse) sobre las influencias indígenas en Latinoamérica. Rutinariamente (8) ________________ (anotar) sus pensamientos y reflexiones. Por eso y más, Fuentes es uno de los grandes pensadores latinoamericanos.

02-33 Durante la niñez. Complete la siguiente información sobre la infancia de los siguientes personajes famosos con el imperfecto de los verbos de la caja.

cantar	salir	ser	querer	tener

1. De niña, Christina Aguilera ________________ en el Club Micky Mouse.
2. De niño, Chayanne ________________ miembro de Los Chicos.
3. De pequeña, Selena ________________ en el restaurante de sus padres.
4. De pequeño, Alejandro Sanz ________________ ser astronauta.
5. De niña, Thalía ________________ muchos juguetes.

02-34 Otro descubrimiento importante. Complete este fragmento de la biografía de Cristóbal Colón con el pretérito o el imperfecto del verbo.

El día en que Cristóbal Colón (1) ________________(venir) a las Américas (2) ________________ (ser) el 12 de octubre de 1492. Este explorador (3) ________________ (nacer) en Génova, Italia, en el año 1450 con el nombre Cristoforo Colombo. (4) ________________ (ser) hijo de Domenico Colombo, un hombre que se (5) ________________ (dedicar) al tejido, y Suzanna Fontanarossa, una mujer que (6) ________________ (ser) de origen humilde. Colón (7) ________________ (tener) solamente 10 años de estudios académicos, pero (8) ________________ (aprender) a leer latín y a escribir en castellano. Con frecuencia, él (9) ________________ (ayudar) a su padre con sus labores, pero (10) ________________ (empezar) a participar en viajes marítimos desde pequeño porque (11) ________________ (soler) decir que (12) ________________ (tener) más años de los que en realidad aparentaba. Cuando (13) ________________ (volver) a Portugal después de varios viajes, (14) ________________ (casarse) con Felipa Perestrelo e Monis. La pareja (15) ________________ (vivir) en Lisboa, donde Colón (16) ________________ (ver) por primera vez los manuscritos coleccionados por el padre de Felipa. Felipa lo (17) ________________ (ayudar) a documentar las posibles tierras al oeste del Atlántico. Luego, Colón y Felipa (18) ________________ (irse) a vivir a Porto Santo, donde Felipa (19) ________________ (morir) después de dar a luz a Diego, el único hijo legítimo del explorador. Después de la muerte de su esposa, Colón (20) ________________ (dedicarse) casi por completo a la exploración de nuevas tierras.

02-35 Descripción. Imagine que usted conocía a Cristóbal Colón y a su esposa Felipa. Responda a las siguientes preguntas oralmente.

- ¿Cómo eran?
- ¿Dónde vivían?
- ¿Qué hicieron en los primeros años de su matrimonio?

02-36 Viaje de exploración. Imagine que usted puede viajar en el tiempo y ser uno de los primeros exploradores de las Américas. Utilice apropiadamente el pretérito y el imperfecto para contar su experiencia. Use las siguientes preguntas como guía:

¿Cuál era su profesión? ¿Adónde viajó usted? ¿Cuándo hizo el viaje? ¿Quién lo/la acompañaba? ¿Qué hacía usted cada día durante la expedición? ¿Cómo se sentía? ¿Ocurrió algo especial durante el viaje? ¿Qué ocurrió? ¿Cómo reaccionó usted?

____

____

____

____

02-37 Celebración latina. Escuche el relato y determine si las afirmaciones son **ciertas**, **falsas** o si la información **no se menciona** en el texto.

1. La celebración comenzó a las 7:30 de la noche. **a.** cierto **b.** falso **c.** no se menciona
2. Hubo fuegos artificiales. **a.** cierto **b.** falso **c.** no se menciona
3. Hubo bailes folklóricos y prehispánicos. **a.** cierto **b.** falso **c.** no se menciona
4. Al final del evento los participantes bailaron con los miembros del público. **a.** cierto **b.** falso **c.** no se menciona
5. El evento fue aburridísimo. **a.** cierto **b.** falso **c.** no se menciona

Nombre: ______________________________ Fecha: ______________

02-38 La literatura. Responda a las siguientes preguntas oralmente.

- ¿Cuál fue el último texto (novela, artículo, poema) que leyó?
- ¿Le gustó? ¿Por qué? Explique.

02-39 Una entrevista. Escuche la entrevista con el rapero Pitbull y determine si las afirmaciones son **ciertas**, **falsas** o si la información **no se menciona** en el texto.

1. Pitbull va a actuar en una película con Justin Timberlake. **a.** cierto **b.** falso **c.** no se menciona
2. El entrevistador preguntó si la experiencia de trabajar con Enrique Iglesias fue positiva. **a.** cierto **b.** falso **c.** no se menciona
3. Pitbull piensa seguir rapeando en inglés y en español. **a.** cierto **b.** falso **c.** no se menciona
4. El entrevistador quiere saber cuándo va a ser el próximo concierto de Pitbull. **a.** cierto **b.** falso **c.** no se menciona
5. Pitbull tiene planes de grabar un disco nuevo. **a.** cierto **b.** falso **c.** no se menciona

Algo más (p. 58)

02-40 ¿Cuánto tiempo hace? Escriba cuánto tiempo hace que ocurrieron los siguientes eventos.

Modelo: Tus padres venir a Estados Unidos (20 años)
Hace veinte años que tus padres vinieron a Estados Unidos.

1. Yo tomar un café (1 hora)

____

2. El semestre empezar (2 meses)

____

3. Estados Unidos obtener su independencia (más de 200 años)

____

4. Colón venir a las Américas (más de 5 siglos)

____

A escribir (p. 60)

02-41 Primera fase: Preparación. Piense en una película que usted vio o una historia (cuento, novela) que usted leyó. Ahora, haga lo siguiente:

- Escriba los nombres de los protagonistas de la película o de la novela.
- Escriba tres o cuatro palabras que describan el ambiente o el entorno donde ocurre la trama.
- Haga una lista de verbos que representen los eventos principales de la película o de la novela.

____

____

Nombre: ______________________ Fecha: ______________

Segunda fase: A escribir. Ahora, escríbale en un correo electrónico a un amigo/una amiga en el que le cuente el argumento de la película o de la novela. Use la información que preparó en la *Primera fase* e incluya muchos detalles para captar la atención de su amigo/a.

Para: ______________

Asunto: ______________

Tercer fase: A editar. Lea nuevamente el correo electrónico que escribió para su amigo/a y revise lo siguiente:

- **La efectividad de su relato:** la secuencia de eventos, la descripción de los personajes y el entorno
- **La precisión en el uso de la lengua:** el uso correcto del vocabulario y del aspecto verbal (el pretérito y el imperfecto)
- **Las formalidades de la lengua:** la puntuación y la ortografía

A explorar (p. 63)

02-42 La cultura y la lengua. Investigue uno de los siguientes temas en Internet. Escriba un mínimo de cinco oraciones completas sobre el tema.

1. **El español en Estados Unidos.** Busque información sobre la influencia del español en Estados Unidos. Haga una lista de las palabras españolas que se usan en inglés. ¿En qué contextos se usan estas palabras?
2. **El bilingüismo en Estados Unidos.** Busque información en Internet sobre el número de personas bilingües en inglés y español que hay en Estados Unidos. Escriba dos ventajas que tienen la personas bilingües. Indique un posible problema que pueden encontrar los bilingües.
3. **La inmigración hispana en Estados Unidos.** Busque información sobre los hispanos en el último censo. ¿Cuántos hispanos viven en los Estados Unidos? ¿Aumentó ese número en comparación con el censo anterior? Según usted, ¿va a aumentar o disminuir la población hispana en Estados Unidos en las próximas décadas? Explique.

Nombre: ______________________ Fecha: ______________

Las leyendas y las tradiciones

PRIMERA PARTE

A leer

Vocabulario en contexto (p. 68)

03-01 Categorización. Indique a qué categoría pertenecen las siguientes palabras.

1. mar
a. tierra **b.** agua **c.** fuego

2. erupción
a. tierra **b.** agua **c.** fuego

3. temblor
a. tierra **b.** agua **c.** fuego

4. océano
a. tierra **b.** agua **c.** fuego

5. terremoto
a. tierra **b.** agua **c.** fuego

6. volcán
a. tierra **b.** agua **c.** fuego

03-02 Otros materiales. Asocie cada palabra con el área relacionada.

1. ____________ la piedra	**a.** la hidráulica
2. ____________ los números	**b.** la orfebrería
3. ____________ el oro	**c.** la escultura
4. ____________ el agua	**d.** la astronomía
5. ____________ el metal	**e.** la metalurgia
6. ____________ los planetas	**f.** la aritmética

Nombre: ______________________________ Fecha: ________________

03-03 Definiciones. Complete las siguientes oraciones con la palabra apropiada.

Horizontales:

6. La __________ es un planeta que está localizado entre Venus y Marte.
7. La __________ es el estudio de las estrellas y las constelaciones.
8. Los __________ tecnológicos facilitan la vida del consumidor.

Verticales:

1. Un __________ causa un movimiento violento en la superficie de la tierra.
2. La __________ permite hacer operaciones como sumar, restar, multiplicar y dividir
3. Los __________ son las personas que viven en un lugar determinado.
4. Los __________ son cuentos narrados oralmente a través de generaciones.
5. Una __________ es una señal que provee evidencia de algo.

Lectura (p. 70)

03-04 La creación. Complete las siguientes oraciones con la palabra apropiada, según el contexto.

cielo	creó	cuidar	daño
deseo	mundo	saber	solo

1. Por la noche, puedes observar la Luna y las estrellas en el __________.
2. Es nuestra responsabilidad __________ el planeta por el bien de las futuras generaciones.
3. Es importante que los seres humanos no se hagan __________ unos a otros.
4. Hay personas que piensan que en el infierno (*hell*) uno está __________ y sin amor.
5. Mucha gente tiene el __________ de ser amado por alguien en la vida.
6. Hay muchas ideas de cómo se __________ el universo.
7. Es importante respetar el __________ en que vivimos.
8. Es fundamental aceptar que, aunque el ser humano es muy inteligente, no lo puede __________ todo.

Nombre: ______________________________ Fecha: ______________

03-05 Preparación. Responda a la siguiente pregunta oralmente. Grabe su respuesta.

- ¿Por qué piensa usted que los humanos tienen el deseo de saber cómo se creó el mundo?

03-06 Una leyenda. Lea el texto y, luego, siga las instrucciones.

Leyenda mapuche de la creación del mundo

Hace mucho tiempo, cuando no había nada en el mundo, el gran espíritu creador Ngnechén estaba aburrido en el cielo y decidió crear un ser con el nombre de Lituche o *hijo*. Ngnechén estaba muy contento con su creación y lo quiso poner en la Tierra, pero lanzó (*threw*) a Lituche con tanto entusiasmo que golpeó (*hit*) la superficie del planeta. La madre de Lituche, angustiada por lo que había ocurrido, quería ver si su hijo se había hecho daño. Por lo tanto, abrió una ventana en el cielo, a la que llamó Kuyén o *Luna*, desde la cual, cuida a los hombres mientras duermen. El gran espíritu también quiso saber de su hijo y abrió un orificio redondo en el cielo que llamó Antú o *Sol*, que se dedica a calentar a los seres humanos.

En la Tierra, Lituche estaba bien, pero se sentía terriblemente solo; no había nada y tampoco tenía con quien conversar. Ngnechén observó esto y envió desde lo alto a una mujer llamada Domo o *hija*. Ella cayó a la Tierra muy cerca de Lituche sin hacerse daño. Mientras ella caminaba, crecían flores y hierbas. Cuando cantaba, salía una abundancia de insectos y mariposas de su boca. Juntos Lituche y Domo llenaron la Tierra. . .

Primera fase. Asocie a cada personaje con su nombre en la lengua mapuche.

1. _____ espíritu creador	**a.** Domo
2. _____ hijo	**b.** Ngnechén
3. _____ hija	**c.** Antú
4. _____ Luna	**d.** Lituche
5. _____ Sol	**e.** Kuyén

Segunda fase. Determine si las siguientes afirmaciones son **ciertas, falsas** o si la información **no se menciona** en el texto.

1. Lituche vivía en el cielo.	**a.** cierto	**b.** falso	**c.** no se menciona
2. Ngnechén creó a su hijo porque se sentía muy triste y solo.	**a.** cierto	**b.** falso	**c.** no se menciona
3. Lituche llegó a la Tierra caminando.	**a.** cierto	**b.** falso	**c.** no se menciona
4. La madre de Lituche creó la Luna después de ver a su hijo caer tan mal.	**a.** cierto	**b.** falso	**c.** no se menciona
5. Antú es el nombre de la ventana que Ngnechén creó.	**a.** cierto	**b.** falso	**c.** no se menciona
6. Lituche es responsable de la flora y fauna de la Tierra.	**a.** cierto	**b.** falso	**c.** no se menciona

03-07 Mitos. Responda a las siguientes preguntas. En su opinión, ¿es este mito de la creación del mundo similar a los mitos de la creación del mundo de otras tradiciones o religiones? ¿De qué manera?

____

____

____

Nombre: ______________________________ Fecha: ______________

03-08 Otra versión. Cuente brevemente la historia / el mito de la creación del mundo que viene de su propia tradición o cultura.

____

____

____

____

 **03-09 Cuentos de la abuela.** Escuche la conversación y complete las siguientes oraciones.

1. Guanina es una. . .
   a. india taína.
   b. mujer española.
   c. abuela.
2. Guanina está enamorada. . .
   a. de Guarionex.
   b. de Sotomayor.
   c. del cacique supremo.
3. El hermano de Guanina es un. . .
   a. conquistador.
   b. cacique.
   c. agricultor.
4. Borinquén hace referencia. . .
   a. a Puerto Rico.
   b. al mar.
   c. al cacique.
5. El nombre Guanina significa. . .
   a. Puerto Rico.
   b. guerrera.
   c. resplandeciente como el oro.
6. El nombre Guarionex significa. . .
   a. Puerto Rico.
   b. guerrero.
   c. cacique.

Aclaración y expansión (p. 72)

03-10 Yemayá: diosa del mar. Escuche la información sobre Yemayá y escoja la función apropiada del pretérito o del imperfecto en cada caso.

Verbo	**Función en contexto**
1. _____ era	a. el trasfondo (*background information*)
2. _____ se vestía	b. un evento
3. _____ se casó	c. una descripción
4. _____ regaló	
5. _____ estaba, _____ rompió, _____ llevó, _____ vivía	
6. _____ trajeron, _____ llegaron	

Nombre: ______________________ Fecha: ______________

03-11 Reglas. Indique si las siguientes reglas se asocian con el pretérito **(P)** o el imperfecto **(I)**.

Reglas	**Pretérito / Imperfecto**
1. Describe el clima.	__________
2. Se usa para decir la edad de una persona.	__________
3. Narra acciones en serie.	__________
4. Se usa para indicar que dos acciones son simultáneas en el pasado.	__________
5. Se usa después de la expresión "de repente".	__________
6. Se usa para hablar de una acción que dura un tiempo determinado.	__________

03-12 Leyendas. Escuche la conversación entre unos amigos sobre las leyendas y determine si las afirmaciones son **ciertas, falsas** o si la información **no se menciona** en la conversación.

1. A Mauricio le daba miedo La Llorona.
a. cierto **b.** falso **c.** no se menciona

2. A Mauricio le encantaba comer helado mientras su padre le leía leyendas.
a. cierto **b.** falso **c.** no se menciona

3. El padre de Ana Paula le contaba la leyenda de El Dorado.
a. cierto **b.** falso **c.** no se menciona

4. El abuelo de Sandra le contaba la leyenda de El Cóndor.
a. cierto **b.** falso **c.** no se menciona

5. Sandra quería volar cuando era niña.
a. cierto **b.** falso **c.** no se menciona

03-13 La leyenda de Quetzalcóatl. Complete el párrafo con la forma apropiada del pretérito o del imperfecto del verbo.

Quetzalcóatl (1) __________ (ser) un dios blanco que (2) __________ (tener) barba. Los aztecas (3) __________ (representar) a Quetzalcóatl como una serpiente con plumas, símbolos de la tierra y del aire. Este dios (4) __________ (enseñar) a los aztecas sobre la agricultura, el metal y las artes. Según la leyenda, Quetzalcóatl (5) __________ (irse) con la promesa de que algún día iba a regresar por el mar. Por eso, los indígenas (6) __________ (recibir) bien a los españoles cuando (7) __________ (llegar) por barco a lo que hoy es México. Como los indígenas pensaban que Hernán Cortés con su barba blanca (8) __________ (ser) Quetzalcóatl, Moctezuma, el emperador de los aztecas, (9) __________ (invitar) a Cortés a entrar en la gran ciudad de Tenochtitlán. Este fue uno de los errores principales que (10) __________ (causar) la destrucción del imperio azteca.

03-14 Una quinceañera. Use la forma correcta del pretérito o del imperfecto de los verbos para completar la siguiente carta.

Querida tía Cata,

La quinceañera de mi hermana Paulina (1) __________ (ser) el sábado pasado. (2) __________ (Haber) muchísimas personas. Mi mamá y yo (3) __________ (enviar) doscientas invitaciones.

Paulina (4) __________ (llevar) un vestido tradicional con adornos de plata (*silver*). Ella (5) __________ (estar) muy guapa. A las 4:00 de la tarde, todos los jinetes del pueblo (6) __________ (reunirse) en la entrada del pueblo. Ellos (7) __________ (hacer) una procesión hasta la iglesia central. Después de la misa religiosa, (8) __________ (haber) una fiesta en la plaza de toros (*bull ring*) principal. Paulina y sus amigos no (9) __________ (bailar) un vals tradicional, sino un popurrí de música latina. Todos los invitados (10) __________ (divertirse) muchísimo.

03-15 La leyenda de Juan Diego. Seleccione la forma apropiada del verbo, según su función en el texto.

El día 9 de diciembre de 1531, mientras un joven indígena mexicano de nombre Juan Diego (1) __________ (caminaba / caminó) a la iglesia, de repente, (2) __________ (escuchaba / escuchó) música y una dulce voz que lo llamaba. Cuando (3) __________ (se acercaba / se acercó), vio que (4) __________ (era / fue) la Virgen María que (5) __________ (estaba / estuvo) iluminada por una luz celestial. Ella le (6) __________ (hablaba / habló) a Juan Diego en nahuátl. Le (7) __________ (decía / dijo) que se llamaba Guadalupe y que quería un templo. Entonces, Juan Diego le llevó este mensaje al Obispo de México, quien (8) __________ (pensaba / pensó) que Juan Diego estaba imaginando cosas.

Al día siguiente la Virgen de Guadalupe (9) __________ (aparecía / apareció) por segunda vez. Le dio a Juan Diego el mismo mensaje, pero igual que la primera vez, el Obispo no (10) __________ (reaccionaba / reaccionó) al cuento de Juan Diego.

Al tercer día, el 12 de diciembre, la Virgen de Guadalupe (11) __________ (hacía / hizo) una tercera aparición y le dio el mismo mensaje a Juan Diego. Él le dijo que necesitaba una prueba para convencer al Obispo. La Virgen (12) __________ (aceptaba / aceptó) y cuando Juan Diego le dio el mensaje al Obispo, abrió su poncho. El Obispo (13) __________ (se sorprendía / se sorprendió) mucho al ver muchas rosas rojas y la imagen de la Virgen de Guadalupe en el poncho de Juan Diego. Gracias a esta prueba, el Obispo (14) __________ (construía / construyó) el templo que pidió la Virgen. Hoy en día, este templo todavía existe en la Ciudad de México. Se llama la Basílica de Nuestra Señora de Guadalupe y es uno de los santuarios más visitados por peregrinos de todo el mundo.

Nombre: ______________________ Fecha: ______________

03-16 Una fiesta para Yemayá. Indique cuál de las opciones expresa mejor el significado de los verbos en negrita (*bold*).

1. Yo no **conocía** a Pedro antes de la fiesta para Yemayá.
   a. ser amigo de
   b. saludar por primera vez
2. Mis amigos **conocieron** a mi novio anoche en la fiesta.
   a. ser amigo de
   b. saludar por primera vez
3. Marta no **sabía** sobre la diosa Yemayá hasta que hizo una investigación en Internet.
   a. tener conocimiento de
   b. descubrir
4. Al terminar la fiesta, Irma **supo** que la celebración fue la mejor del semestre.
   a. tener conocimiento de
   b. descubrir
5. Antes, yo **quería** estudiar mitología griega, pero ahora quiero saber más sobre la cultura yoruba de África.
   a. tener intención / desear b. hacer el esfuerzo
6. Ana **quiso** asistir a la fiesta pero salió tarde del trabajo.
   a. tener intención / desear b. hacer el esfuerzo
7. Por lo general, Mela no **podía** ir a las reuniones de planeación para la fiesta porque tenía clase a la misma hora.
   a. tener la facilidad b. lograr
8. ¿**Pudiste** hablar con todos los invitados en la fiesta?
   a. tener la facilidad b. lograr

Ventanas al mundo hispano (p. 76)

Antes de ver

03-17 Celebraciones. Asocie las celebraciones con los objetos que correspondan.

1. _____ Día de la Independencia a. regalos
2. _____ Día de Acción de Gracias b. pavo
3. _____ Cumpleaños c. dulces
4. _____ Día de las Brujas d. fuegos artificiales

03-18 Celebraciones. El video que usted va a ver trata de una importante festividad hispana llamada La Guelaguetza. ¿Cuáles son algunas cosas que usted anticipa ver? ¿Qué tipo de información piensa que va a escuchar?

____

____

____

Nombre: ______________________________ Fecha: ______________

Mientras ve

03-19 Asociaciones. Asocie las expresiones según el contenido del video.

1. _____ Guelaguetza	**a.** llevaban trajes típicos.
2. _____ La Sierra Juárez	**b.** significa regalo.
3. _____ Muchas mujeres	**c.** es una canción tradicional.
4. _____ La sandunga	**d.** también participó en este festival.
5. _____ El pavo	**e.** es una de las siete regiones de Oaxaca.

Después de ver

03-20 Vamos a resumir. Seleccione la afirmación que mejor resume el tema del video que acaba de ver.

1. _____ La Guelaguetza es un festival que se celebra en Oaxaca en el que participan representantes de distintas comunidades indígenas.

2. _____ La Guelaguetza es un baile tradicional para celebrar el cumpleaños de la reina de Oaxaca.

3. _____ La Guelaguetza es una reunión de comunidades indígenas para reivindicar sus costumbres y promover a sus líderes políticos.

03-21 Celebraciones. Marque (√) todo lo que usted vio en el video.

1. _____ La historia de cómo nació esta festividad
2. _____ Las personas que participan
3. _____ Los trajes tradicionales
4. _____ La comida típica asociada con esta celebración
5. _____ Bailes y música característicos
6. _____ Discurso del presidente del país
7. _____ Información sobre el lugar donde se celebra
8. _____ Información sobre el costo de esta celebración
9. _____ Familias importantes en la ciudad
10. _____ Los problemas asociados con esta celebración

Nombre: ______________________ Fecha: ______________________

SEGUNDA PARTE

A leer

Vocabulario en contexto (p. 77)

03-22 Asociaciones. Primera fase. Asocie las siguientes palabras con su significado.

1. __________ crisol	a. procesión
2. __________ dios	b. ser omnipotente
3. __________ desfile	c. protagonistas
4. __________ festejo	d. celebración
5. __________ personajes	e. martirio
6. __________ sacrificio	f. fusión

Tradiciones hispanas.

Segunda fase. Ahora complete el siguiente párrafo con las palabras de la *Primera fase.*

Muchos festivales hispanos hoy en día han combinado las tradiciones cristianas con las paganas. De este modo, los habitantes han podido rendir culto al (1) __________ (deidad) de la religión cristiana sin perder la conexión con los rituales de su pasado pagano. Un (2) __________ (fiesta) como el de la Semana Santa, ha mantenido casi intacto el culto a la Virgen María. Con frecuencia se ve el (3) __________ (procesión) por las calles principales de los pueblos con (4) __________ (personalidades) vestidos o disfrazados actuando la historia o el (5) __________ (sufrimiento) de esa personalidad histórica, religiosa o legendaria. Muchas veces, hay música y bailes, además de la procesión. Desde guerreros a santos, de figuras paganas a cómicas, todos son motivo de celebración del (6) __________ (mezcla) cultural hispano.

03-23 Crucigrama. Complete las siguientes oraciones con la palabra apropiada.

1 2 3 4 5 6 7 8

Nombre: ______________________________ Fecha: ____________________

Horizontales

5. Muchas de las festividades hispanas se caracterizan por el ____________ o fusión de varias culturas y religiones.
8. Los conquistadores buscaban los ____________, como el oro y la plata, escondidos por los indígenas.

Verticales

1. Hernán Cortés fue uno de los principales ____________ de América.
2. Las culturas del Caribe tienen fuertes ____________ africanas.
3. Los indígenas llevaban ____________ a sus dioses, como prueba de su fe y su respeto.
4. La ____________ de una cultura está en sus leyendas y sus tradiciones.
6. Con el paso del tiempo, los conquistadores explotaron las ____________ de oro y de plata en Colombia, Perú y México.
7. Los pueblos precolombinos creían en un equilibrio entre el bien y el ____________.

03-24 Significados. Asocie los verbos con su significado.

1. ____________ celebrar	a. practicar
2. ____________ ensayar	b. darse
3. ____________ remontarse	c. ser imagen o símbolo
4. ____________ ofrecerse	d. datar
5. ____________ representar	e. festejar

Lectura (p. 80)

03-25 Anticipación. Asocie las siguientes palabras con su significado.

1. ____________ acompañar	a. mezcla
2. ____________ canción	b. acto en honor de una persona
3. ____________ mestizaje	c. juguetes infantiles
4. ____________ homenaje	d. ir en compañía de alguien
5. ____________ latacungueños	e. música
6. ____________ muñecos	f. ropa que usa un personaje
7. ____________ recorrido	g. personas de Latacunga
8. ____________ vestuario	h. camino

03-26 Su fiesta favorita. Responda a las siguientes preguntas. ¿Tiene usted una festividad favorita? Descríbala. ¿Cuándo y dónde se celebra? ¿Quiénes participan? ¿Qué hacen antes, durante y después de la festividad? ¿Por qué le gusta?

____

____

____

____

____

03-27 Comprensión. Lea el artículo, y luego, seleccione la opción que mejor complete cada oración.

La fiesta de Mama Negra

La fiesta de Mama Negra se celebra en la ciudad de Latacunga, Ecuador, en homenaje a la Virgen de las Mercedes el 23 y 24 de septiembre. Esta fiesta reúne diferentes tradiciones y, por lo tanto, representa un mestizaje o simbiosis de las numerosas culturas de la historia ecuatoriana. Los latacungueños discuten, a veces con pasión, las teorías del origen de Mama Negra, pero esta es una pregunta aún sin respuesta. Lo que sí se sabe es que en Ecuador se han reunido tradiciones folclóricas de grupos étnicos de origen nacional y de otros países. Así, Mama Negra es una virgen de origen indígena, africano e hispano.

La riqueza étnica de la fiesta se refleja también en la variedad de personajes, máscaras, danzas, ritmos, canciones, comidas, bebidas y espectáculos. Mama Negra es indígena en cuanto a su vestuario y sus danzas. Es negra por el color de la cara de la virgen y el de los hijos que la acompañan. Es hispana por su semejanza a los autos sacramentales españoles (piezas teatrales). La fiesta consiste en la cabalgata (*procession on horseback*) de Mama Negra vestida de ropajes típicos coloridos que va cambiando en cada esquina del recorrido. Sus dos acompañantes llevan su vestuario y la ayudan con el cambio de ropa. En las bolsas del caballo van dos muñecos negros que representan a los hijos de Mama Negra y en sus brazos lleva a la hija menor a quien hace bailar con gestos picarescos. Esta fiesta es una de las costumbres ecuatorianas representativas del mestizaje cultural, cuya fama ha traspasado las fronteras latinoamericanas.

1. La fiesta se celebra en. . .
   - a. Quito.
   - b. Guayaquil.
   - c. Otavalo.
   - d. Latacunga.
2. La fiesta se celebra en el mes de. . .
   - a. septiembre.
   - b. noviembre.
   - c. octubre.
   - d. febrero.
3. El/La protagonista(s) de la fiesta es / son. . .
   - a. el alcalde de Latacunga.
   - b. los indígenas de Latacunga.
   - c. la Mama Negra.
   - d. los autos sacramentales.
4. El origen de la figura de Mama Negra es. . .
   - a. solamente indígena.
   - b. solamente africano.
   - c. solamente hispano.
   - d. una combinación de las culturas indígena, africana e hispana.

03-28 En sus propias palabras. Responda a las siguientes preguntas. ¿Por qué cree usted que la fiesta de Mama Negra es importante para los ecuatorianos? ¿Por qué es popular? ¿A usted le parece divertida? ¿Por qué?

____

____

03-29 ¿Cuáles son las fiestas de su ciudad? Describa su festividad favorita. Responda a las siguientes preguntas oralmente.

- ¿Cuándo es la festividad?
- ¿Qué se celebra?
- ¿Cómo se festeja?

Nombre: ______________________________ **Fecha:** ______________

03-30 Otra fiesta interesante. Primera fase. Responda a las siguientes preguntas. ¿Conoce usted la Fiesta de la Pachamama? Haga una investigación en Internet y escriba un resumen sobre lo que ocurre en esta fiesta. ¿Dónde y cuándo es? ¿Qué se celebra?

____

____

Segunda fase. **Ahora tú.** Responda a las siguientes preguntas. ¿Piensa usted que es una festividad importante? ¿Por qué? ¿En Estados Unidos hay una celebración similar? ¿En qué consiste?

____

____

03-31 Mi festival favorito. Escuche la conversación entre algunos amigos que hablan sobre su festival favorito. Luego, complete las oraciones con la opción correcta.

1. A Karina le encanta. . .
   a. la Feria de Sevilla. b. el Carnaval de Panamá. c. el Día de Reyes.
2. El Carnaval de Panamá empieza con. . .
   a. las mojaderas o culecos. b. música popular. c. un desfile.
3. En la Feria de Sevilla hay. . .
   a. figuras danzantes con máscaras de vejigantes. b. mojaderas o culecos. c. corridas de toros.
4. Según José Luis, Puerto Rico tiene las mejores. . .
   a. celebraciones del Día de Reyes. b. fiestas. c. exposiciones de arte.
5. Se comen muchos mariscos en. . .
   a. la Feria de Sevilla. b. el Carnaval de Panamá. c. el Día de Reyes.

Aclaración y expansión (p. 83)

03-32 De visita a Latacunga. Usted y sus amigos van a visitar Latacunga para participar en la fiesta de Mama Negra. Complete las siguientes oraciones con el pretérito perfecto (*present perfect*) del verbo.

1. Yo ____________ (hacer) la reservación de avión.
2. Juan ____________ (reservar) un hotel en Latacunga.
3. Todos nosotros ____________ (obtener) un pasaporte.
4. Mis amigos ____________ (alquilar) una moto en Latacunga.
5. Yo ____________ (comprar) ropa para el viaje.
6. Julia ____________ (ver) un programa sobre la fiesta de Mama Negra.

Nombre: ______________________ Fecha: ______________

03-33 Lo que queda por hacer. Escriba una oración para indicar lo que las siguientes personas han hecho en preparación para su viaje a Latacunga, Ecuador. Use el pretérito perfecto (*present perfect*) de los verbos.

1. Yo / empacar / la maleta

   ____

2. Mi amigo / comprar / el billete

   ____

3. La señora Pérez / pagar / el cuarto del hotel

   ____

03-34 Antes de la fiesta de Mama Negra. Usted está en Latacunga. Indique las actividades que usted y sus nuevos amigos ecuatorianos han hecho allí.

Modelo: Ir a un pueblo cercano
Hemos ido a un pueblo cercano.

1. Salir por la noche

   ____

2. Hacer nuevos amigos

   ____

3. Volver a casa muy tarde

   ____

4. Comer productos típicos de la región

   ____

5. Visitar un pequeño mercado al aire libre

   ____

6. Conocer un poco la ciudad

   ____

03-35 Después de la fiesta. Describa tres actividades que usted ha hecho durante la procesión de Mama Negra, según las costumbres de la festividad.

1. ______________________
2. ______________________
3. ______________________

03-36 Celebraciones. Hable sobre la celebración favorita de su familia. Responda a las siguientes preguntas oralmente. Grabe sus respuestas.

- ¿Cuál es la celebración favorita de su familia? ¿Por qué les gusta?
- ¿Cómo celebran ustedes este día?
- ¿Con quién(es) la celebran ustedes?

03-37 Dos amigos. Escuche la conversación entre dos amigos sobre los lugares que cada uno ha visitado. Luego, determine si las afirmaciones son **ciertas**, **falsas** o si la información **no se menciona** en la conversación.

1. Felipe ha ido a Ecuador.	**a.** cierto	**b.** falso	**c.** no se menciona
2. Linda ha visitado Argentina, Paraguay y Brasil.	**a.** cierto	**b.** falso	**c.** no se menciona
3. Felipe nunca ha querido ir a Argentina.	**a.** cierto	**b.** falso	**c.** no se menciona
4. Buenos Aires es una ciudad muy cara.	**a.** cierto	**b.** falso	**c.** no se menciona
5. Linda ha invitado a Felipe a Ecuador.	**a.** cierto	**b.** falso	**c.** no se menciona

03-38 Viajes internacionales. Responda a las siguientes preguntas oralmente. Si usted nunca ha ido a un país hispanohablante, hable de un viaje que ha hecho a otro lugar. Grabe sus respuestas.

- ¿Ha viajado usted a algún país de habla hispana?
- ¿Adónde ha ido?
- ¿Qué ha hecho durante su viaje?

Algo más (p. 87)

03-39 Los resultados. Los habitantes de Latacunga están preparándose para la fiesta de Mama Negra del próximo año. Escuche las afirmaciones e indique los resultados de lo que ya han hecho. Siga el modelo.

MODELO: (*usted escucha*) Han establecido el recorrido nuevo.
El recorrido nuevo *está establecido*.

1. Los actores profesionales ____________.
2. Los vestuarios típicos ____________.
3. La ruta ____________.
4. Los policías para la fiesta ____________.

A escribir (p. 88)

3-40 A escribir una leyenda. **Primera fase: Preparación.** Investigue en Internet o en la biblioteca algunas leyendas del pueblo o ciudad donde usted vive. Tome nota sobre algunas leyendas locales o regionales que encuentre.

____

____

Segunda fase: A escribir. Ahora, escoja la leyenda que más le interesó. Use el pretérito, el imperfecto y el pretérito perfecto para escribir la historia en sus propias palabras. Incluya:

- los nombres de los protagonistas y el nombre de la comunidad donde viven
- los sentimientos de sus protagonistas
- su vestuario
- los eventos o acciones que ocurrieron, según la leyenda
- las tensiones asociadas con la acción principal
- el desenlace de la leyenda

____

____

Nombre: ______________________ Fecha: ______________

Tercera fase: **A editar.** Antes de entregarle la narración a su profesor, lea nuevamente su texto para verificar la claridad de sus ideas, los usos apropiados del pretérito y del imperfecto, la precisión de la puntuación y la acentuación.

A explorar (p. 91)

03-41 La mitología. Investigue los siguientes temas en Internet. Primera fase: **La mitología griega**. Investigue el mito que se asocia con Zeus. Responda a las siguientes preguntas:

1. ¿Quién era?
2. ¿Dónde vivía?
3. ¿Cómo era su familia?
4. ¿Qué hizo?

Segunda fase: **Mitos hispanos.** Investigue en Internet un mito hispano como el de El Dorado, la Llorona u otro de su interés. Haga un resumen de la leyenda en sus propias palabras. Incluya lo siguiente:

- una descripción de los personajes principales
- el lugar donde ocurre la historia
- una narración de los eventos principales

Nombre: ______________________ Fecha: ______________

El arte y la arquitectura

PRIMERA PARTE

A leer

Vocabulario en contexto (p. 96)

04-01 El arte como expresión. Lea las siguientes definiciones y escriba la palabra que corresponde para completar el crucigrama.

Horizontales:

1. evaluar, juzgar: ______________________
2. dibujo, pintura o foto de una persona: ______________________
3. artista que pinta en una pared: ______________________

Verticales:

4. arte urbano: ______________________
5. trabajo, pieza artística: ______________________
6. material de colores usado para crear una obra de arte: ______________________

Nombre: ______________________________ Fecha: ______________

04-02 En contexto. Complete las oraciones con las palabras apropiadas.

águila	aula	campesino	censurar	difusión
grafiti	muralismo	óleo	pintura	pirámide

1. El __________ trabaja con los cultivos.
2. En Chichén Itzá hay una __________ maya.
3. José Clemente Orozco es considerado uno de los artistas más importantes del __________ mexicano.
4. El surrealismo dominó la __________ de Salvador Dalí.
5. Muchos artistas clásicos crearon obras pintadas al __________.
6. El profesor de arte mostró reproducciones de cuadros de Miró en el__________.
7. Es importante no __________ el trabajo de los artistas, aunque algunas de sus obras sean controvertidas.
8. Algunas personas argumentan que el __________ es vandalismo; otras opinan que es una forma de arte urbano.

04-03 El grafiti. Responda a las siguientes preguntas oralmente. Grabe sus respuestas.

- ¿Por qué cree usted que la gente hace grafiti en la calle?
- En su opinión, ¿es arte o simplemente vandalismo? Explique.

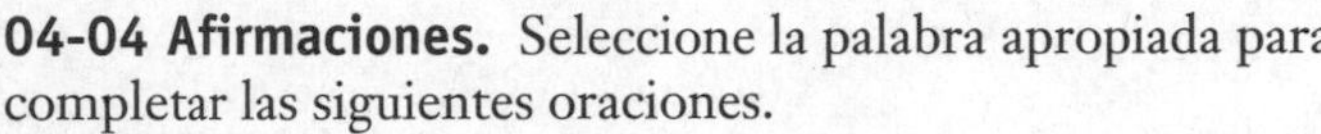

04-04 Afirmaciones. Seleccione la palabra apropiada para completar las siguientes oraciones.

1. El ____________________ escribió sus observaciones después de ver las obras de Dalí.
   a. muralista **b.** artista **c.** crítico
2. Recientemente la biblioteca pública ha aumentado su ____________________ cultural.
   a. difusión **b.** censura **c.** crítica
3. La voluptuosidad en las obras de Fernando Botero es uno de los aspectos más ____________________ de su estilo.
   a. obsoletos **b.** llamativos **c.** específicos
4. Los muralistas usaron escaleras para pintar la parte superior del ____________________.
   a. cuento **b.** óleo **c.** mural
5. Aquellos pintores se dedicaron a pintar ____________________ de los políticos.
   a. museos **b.** retratos **c.** aulas

Lectura (p. 98)

04-05 Asociación. Asocie las siguientes palabras con su significado.

1. ______ cuadro	**a.** trabajo
2. ______ ingenuo	**b.** afectaron
3. ______ influyeron	**c.** pintura
4. ______ oficio	**d.** procedimiento
5. ______ tratamiento	**e.** inocente

04-06 Una biografía. Antes de leer el texto en la actividad **04-07**, responda a las siguientes preguntas. ¿Qué tipo de información espera encontrar en una biografía? ¿Qué sabe sobre el artista Fernando Botero?

____

____

____

04-07 Familiarícese con el texto. Lea el texto y, luego, complete las oraciones a continuación.

Fernando Botero

Fernando Botero es un pintor y escultor colombiano. Su estilo es cómico, irónico e ingenuo. Un aspecto característico de su estilo es el uso exagerado del volumen para alterar la proporción de las cosas. Esta es una técnica innovadora y sorprendente.

Botero nació en Medellín, Colombia en 1932. Trabajó como ilustrador periodístico en Medellín y en Bogotá. En 1952, estudió en España, donde iba con regularidad al Museo Nacional del Prado. Allí, las obras de Diego Velázquez y Francisco de Goya influyeron en su estilo. Entre 1953 y 1955, viajó a Francia e Italia para estudiar la historia del arte. En 1956, conoció a los pintores Rufino Tamayo y José Luis Cuevas en México. Luego, visitó Nueva York, donde se identificó con el arte popular de la ciudad. En 1973, empezó su oficio como escultor en París. En su escultura se ve la misma voluptuosidad e ingenuidad que caracterizan su pintura.

El tratamiento extremo en sus proporciones de la figura humana es hoy una de las características inconfundibles de sus obras. Sus cuadros, esculturas y dibujos se exponen en las salas de museos alrededor del mundo.

1. Botero ha vivido en ____________.

a. Londres
b. París
c. Cali

2. El estilo de Botero es ____________.

a. cómico
b. surrealista
c. realista

3. Una característica inconfundible de su obra es ____________.

a. la proporción de la figura humana
b. el uso de los colores
c. la influencia de otros artistas

4. Trabajó como ilustrador en ___________.
   a. París y Nueva York
   b. Francia e Italia
   c. Medellín y Bogotá

5. Botero conoció a Rufino Tamayo y a José Luis Cuevas en ___________.
   a. Colombia
   b. México
   c. España

04-08 Gustos. Responda a las siguientes preguntas oralmente sobre el arte. Grabe sus respuestas.

- ¿Cree usted que es mejor ir a un museo o usar Internet para ver las obras de arte? Explique.
- ¿Qué tipo de arte le gusta a usted? Describa las imágenes, pinturas, cuadros o posters que tiene en su cuarto.

04-09 ¿A quién admira? Escriba sobre un/a artista famoso/a que le guste. ¿Cómo descubrió usted a este/a artista? ¿Por qué lo/la admira usted tanto?

____

____

Aclaración y expansión (p. 100)

04-10 Las manualidades de las mujeres mayas. Escuche el relato sobre los tejidos (*weavings*) mayas y determine si las siguientes afirmaciones son **ciertas, falsas** o si la información **no se menciona** en el texto.

1. En Cobal, Guatemala se conoce la técnica de torcido o trenzado (*twist or braid*) en la tela desde hace mucho tiempo. — a. cierto b. falso c. no se menciona
2. En Guatemala se importan muchas telas de Perú. — a. cierto b. falso c. no se menciona
3. En la mitología maya se cree que Ixchel, la diosa de la luna, les reveló a las mujeres los signos sagrados que se usan en los tejidos. — a. cierto b. falso c. no se menciona
4. La forma del diamante se usa para representar el matrimonio. — a. cierto b. falso c. no se menciona

5. La serpiente se usa como símbolo del cosmos. **a.** cierto **b.** falso **c.** no se menciona
6. En los tejidos mayas, se cuentan las historias de guerra. **a.** cierto **b.** falso **c.** no se menciona

04-11 Use su imaginación. Use las expresiones de la lista para indicar las actividades que se hacen antes, durante y después de pintar un mural. Use el **se** pasivo.

Modelo: Primero, *se preparan* los materiales.

1. Antes de pintar el mural, ______________ (limpiar) la pared.
2. Después, ______________ (mezclar) las pinturas.
3. Cuando las pinturas están listas, ______________ (trazar) las imágenes en carbón.
4. Mientras se pinta, ______________ (usar) herramientas especializadas.
5. Después, ______________ (poner) los toques finales.
6. Luego, ______________ (firmar) la obra.
7. Al final, ______________ (vender) la obra a un museo o galería.

04-12 Los indígenas norteamericanos. Escuche la información sobre las viviendas de los grupos indígenas y determine si las afirmaciones son **ciertas, falsas** o si la información **no se menciona** en el texto.

1. En el noreste de Estados Unidos se usaban materiales como adobe, ladrillo de barro, agua y paja para construir las casas. **a.** cierto **b.** falso **c.** no se menciona
2. En la comunidad de los iroqueses se construían casas pequeñas donde vivía solamente una familia. **a.** cierto **b.** falso **c.** no se menciona
3. En el centro de Estados Unidos se vivía cómodamente porque las tierras eran abundantes. **a.** cierto **b.** falso **c.** no se menciona
4. En las zonas más al norte, se construían viviendas semiesféricas. **a.** cierto **b.** falso **c.** no se menciona
5. En todas las comunidades indígenas de Norteamérica, se usaban los mismos materiales de construcción. **a.** cierto **b.** falso **c.** no se menciona

04-13 Para ser artista. Indique qué se hace antes de empezar una carrera como artista. Siga el modelo.

Modelo: Estudiamos las técnicas.
Se estudian las técnicas.

1. Asistimos a la escuela de bellas artes.

____

2. Visitamos los museos.

____

3. Imitamos las obras de los maestros.

____

4. Tomamos clases de dibujo.

____

5. Evaluamos las proporciones.

____

Nombre: ______________________ Fecha: ______________

04-14 Una obra comunitaria. A su comunidad le interesa tener un mural como *Sueño de una tarde dominical en la Alameda Central*, de Diego Rivera, en la entrada de la biblioteca pública. Escriba oraciones con el **se** pasivo o el **se** impersonal. Use los verbos de la caja y otras expresiones apropiadas.

hablar	hacer	tener	pintar	discutir

1. Primero ______________________
2. Después ______________________
3. Luego ______________________
4. Finalmente ______________________

04-15 Un mural en la comunidad. Complete las siguientes oraciones sobre el proceso de elaborar un mural con el **se** pasivo o el **se** impersonal.

1. ______________ (hablar) con la gente que vive en la comunidad.
2. ______________ (pintar) símbolos con los cuales el público se identifica fácilmente.
3. ______________ (escribir) un artículo sobre el mural en el periódico.
4. ______________ (hacer) una ceremonia para inaugurar el mural.
5. ______________ (invitar) a la gente más influyente de la comunidad.

04-16 Cultura inca. Use el **se** pasivo para escribir oraciones sobre cómo se vivía en Machu Picchu en la época de los incas. Use el imperfecto de los verbos.

1. Comer mucho maíz
   ______________________.
2. Estudiar la agricultura
   ______________________.
3. Diseñar viviendas
   ______________________.
4. Construir templos
   ______________________.

04-17 Viejos tiempos. Use su imaginación para hablar de cómo eran las cosas en los años ochenta. Responda a las siguientes preguntas oralmente. Grabe sus respuestas.

- ¿Qué se hacía en el tiempo libre?
- ¿Cómo eran las casas que se construían?
- ¿Qué tipo de arte se veía en los museos y en las calles?

Nombre: ______________________ Fecha: ______________

Ventanas al mundo hispano (p. 102)

Antes de ver

04-18 Los incas. Complete las siguientes oraciones con la palabra apropiada.

cultivar	irrigación	palacio	templos	terrazas

1. Los incas construyeron impresionantes ______________ donde hacían culto a los dioses.
2. Algunos miembros de la realeza inca vivían en un ______________ cuyos restos aún se encuentran en Cuzco.
3. Para adaptar el terreno a sus necesidades, los incas construyeron ______________ en las laderas de la montaña.
4. Los incas tuvieron que ______________ alimentos todo el año.
5. Los incas inventaron sofisticados sistemas de ______________ para sus cultivos.

04-19 Conocimiento previo. Antes de ver el video, escriba lo que ya sabe sobre Machu Picchu y la civilización de los incas. Consulte Internet de ser necesario.

____

____

____

Mientras ve

04-20 Machu Picchu. Seleccione la afirmación que complete mejor cada frase.

1. Machu Picchu está ubicado en la ______________.
   a. costa oeste de América del Sur
   b. costa este de América del Sur
   c. costa oeste de América Central

2. Su arquitectura consiste en ______________.
   a. pirámides
   b. templos y fortalezas
   c. casas y jardines

3. Los conocimientos de ingeniería de los incas consisten en el diseño de ______________.
   a. edificios
   b. sistemas de irrigación
   c. medios de transporte

Nombre: ______________________ Fecha: ______________

Después de ver

04-21 Vamos a resumir. Seleccione la afirmación que resuma mejor el tema del video que acaba de ver.

1. _____ Se discuten las principales contribuciones de la cultura inca y su importancia en el mundo actual.
2. _____ Se mencionan las características más importantes de la ciudad de Machu Picchu y los conocimientos avanzados de los incas.
3. _____ Se da la ubicación geográfica de Machu Picchu y se habla de las vías de acceso a la ciudad desde distintas regiones de Perú.

04-22 ¿Qué dice usted? Escuche las afirmaciones e indique si son **ciertas (C), falsas (F)** o si la información **no se menciona (N)** en el video.

1. _____
2. _____
3. _____
4. _____
5. _____
6. _____
7. _____
8. _____
9. _____
10. _____

Nombre: ______________________ Fecha: ______________

SEGUNDA PARTE

A leer

Vocabulario en contexto (p. 103)

04-23 Crucigrama. Lea las siguientes definiciones y escriba la palabra que corresponde para completar el crucigrama.

Horizontales:

1. Construcción sobre un río que permite pasar de una orilla a otra: ______________
2. Construcción triangular: ______________
3. Modelo de algo en tamaño reducido: ______________

Verticales:

4. Mapa u otra representación gráfica de un lugar: ______________
5. Pieza generalmente de barro que sirve para contener líquidos: ______________
6. Construcción vertical que separa las habitaciones de un edificio: ______________
7. Construcción curva que se apoya en dos pilares o puntos fijos: ______________
8. Parte superior de un edificio: ______________

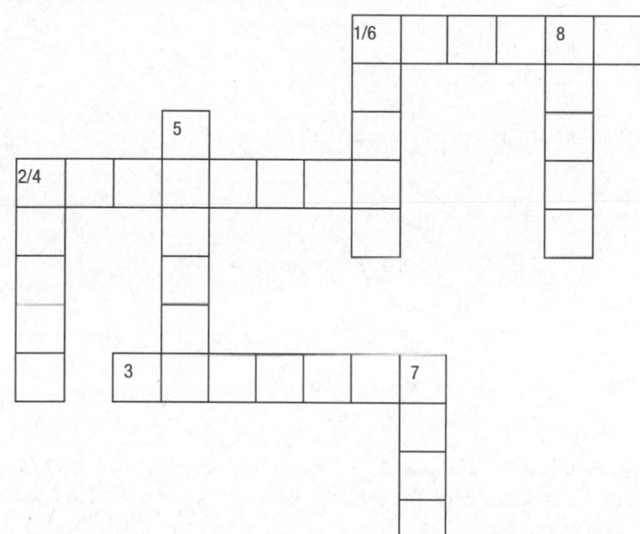

04-24 Los oficios. Asocie las profesiones con el material o instrumento más apropiado.

1. _____ profesor — a. pintura
2. _____ arquitecto — b. piedra
3. _____ muralista — c. violín
4. _____ escultor — d. plano
5. _____ pintor — e. libro
6. _____ músico — f. pared o muro

Nombre: ______________________________ **Fecha:** ______________

04-25 Los edificios. Mire uno de los edificios de su universidad y responda a las preguntas. ¿Es contemporáneo? ¿Tiene muchos adornos? ¿Cómo son las paredes? ¿Qué materiales se usaron para construir el edificio?

____

____

____

04-26 Un arquitecto de renombre. Complete las oraciones con la palabra adecuada según el contexto.

1. Santiago Calatrava es ____________ porque es arquitecto, ingeniero y artista.
   a. optimista **b.** polifacético **c.** innovador
2. Calatrava diseñó el famoso ____________ que cruza el río Guadalquivir y la Torre de Telecomunicaciones del Parque Olímpico en Barcelona, España.
   a. mural **b.** puente **c.** arco
3. El estilo de Calatrava es ____________ por grandes pensadores, quienes opinan que el arte es para todos.
   a. influenciado **b.** planeado **c.** diseñado
4. Según el *New York Times*, Calatrava fue el arquitecto seleccionado para ____________ una estación de trenes en la Zona Cero de Nueva York.
   a. elegir **b.** dibujar **c.** realizar

Lectura (p. 105)

04-27 Anticipación. Asocie las palabras con su significado.

1. ________	antiguo	**a.** caverna
2. ________	barro	**b.** casa
3. ________	cueva	**c.** templo cristiano
4. ________	elaboración	**d.** viejo
5. ________	iglesia	**e.** mezcla de tierra y agua
6. ________	vivienda	**f.** preparación

04-28 Los materiales de construcción. Responda a las siguientes preguntas. ¿De qué materiales está hecha su casa? ¿Por qué piensa usted que se usaron esos materiales para construirla? ¿Le gusta el estilo de las casas en su región o prefiere otro estilo? Explique.

____

____

04-29 Familiarícese con el texto. Lea el artículo y, luego, indique si las siguientes oraciones son **ciertas, falsas** o si la información **no se menciona** en el texto.

Nombre: ______________________________ Fecha: ______________

El barro: una larga tradición arquitectónica y humana

El uso del barro que apreciamos en vasijas y platos también se manifiesta de otras maneras. Las casas e iglesias de adobe de la región del Río Grande, por ejemplo, sirven como muestras de una larga tradición. Los habitantes de esa región usaban los materiales locales y colaboraban en la construcción de viviendas y otros edificios. El barro es el material de construcción más antiguo que existe y, hoy en día, más de un tercio de los habitantes del planeta viven en casas de barro.

Desde tiempos prehistóricos, los seres humanos comenzaron a desarrollar algunas técnicas para el uso del barro en la elaboración de cuevas prehistóricas. Luego, en el Medio Oriente se empezó a usar el barro extensamente en la construcción de edificios. En América y en África se usó el barro en proporciones distintas para darle color a las construcciones. Finalmente, surgieron los grandes centros urbanos de barro en las Américas, como Taos en EE. UU., Paquimé y La Venta en México, Joya del Cerén en El Salvador, Chan Chan y Tambo Colorado en Perú y Tulor en el norte de Chile. El invento y la popularización del cemento y de la viga de acero (*steel beam*) en el siglo XIX generaron la decadencia de la construcción con barro.

1. El uso del barro en la construcción de casas y edificios es un fenómeno nuevo. **a.** cierto **b.** falso **c.** no se menciona
2. Muchas veces la construcción de una casa de barro se hacía con la ayuda de la comunidad. **a.** cierto **b.** falso **c.** no se menciona
3. Aproximadamente una tercera parte de la gente vive en viviendas de barro. **a.** cierto **b.** falso **c.** no se menciona
4. El uso del barro en la construcción de casas es más popular que el cemento en partes de California. **a.** cierto **b.** falso **c.** no se menciona
5. Las técnicas de barro mejoraron con el tiempo. **a.** cierto **b.** falso **c.** no se menciona
6. Con el invento del cemento, se aumentó el uso del barro en las construcciones. **a.** cierto **b.** falso **c.** no se menciona

04-30 El adobe. Responda a las siguientes preguntas. ¿Hay muchas casas de adobe en la región donde vive usted? ¿Le gustaría vivir una casa de adobe en el futuro? ¿Por qué?

____

____

04-31 La casa de José María. Escuche el relato de José María. Marque (√) lo que hicieron José María y su familia en preparación para la construcción de su nueva casa de adobe.

1. ______ Leyeron revistas.
2. ______ Contrataron a un arquitecto.
3. ______ Obtuvieron los permisos necesarios para construir una casa.
4. ______ Pasaron mucho tiempo buscando el lugar donde construir su casa.
5. ______ Consultaron a los expertos.
6. ______ Visitaron el museo que exhibía fotos de los grandes edificios de Nueva York.

04-32 En su opinión. Responda a la siguiente pregunta. En su opinión, ¿cuáles son algunas ventajas y desventajas de vivir en una casa de adobe en su región del país? Explique.

____

____

Nombre: ______________________________ Fecha: ____________________

Aclaración y expansión (p. 108)

04-33 Una conversación entre amigos. Escuche la conversación y complete las oraciones con el pronombre de objeto indirecto.

Aldo: ¿(1) _____ gusta el arte de Salvador Dalí?

Beto: No, no (2) _____ gusta porque su estilo es muy surrealista, pero a mi novia (3) _____ encanta.

Aldo: Perfecto, (4) _____ voy a regalar a ella la reproducción de una de sus obras que tengo en casa.

Beto: ¡Gracias! Qué buena idea.

Aldo: ¿(5) _____ hacen falta más cuadros para decorar sus dormitorios?

Beto: Sí, (6) _____ hacen falta. Las residencias estudiantiles son muy sencillas.

Aldo: Si (7) _____ interesa, tengo algunos afiches de películas clásicas que pueden llevarse.

Beto: ¡Genial!

04-34 El famoso Botero. Complete las oraciones con el pronombre de objeto indirecto.

1. Fernando Botero _____ hizo una donación de algunas de sus ilustraciones a los directores del Museo de Arte Moderno.
2. El museo _____ dedicó un espacio especial a Botero.
3. El guía _____ va a mostrar a ti cuadros de grandes artistas.
4. La colección del museo _____ ofrece un enriquecimiento cultural a sus visitantes.
5. Las obras de Botero _____ traen felicidad a todos nosotros.

04-35 Las opciones. Complete las oraciones con la opción adecuada.

1. Al artista le __________ las imágenes en blanco y negro.
   a. fascina **b.** fascinan
2. A la arquitecta le __________ hacer un tour de la ciudad.
   a. encanta **b.** encantan
3. A los que visitan el museo les __________ ver las exposiciones de arte moderno.
   a. interesa **b.** interesan
4. A mis amigos y a mí nos __________ la fotografía.
   a. gusta **b.** gustan
5. A mí me __________ mal los artistas comerciales.
   a. cae **b.** caen

04-36 Una famosa artista mexicana. Escriba oraciones completas con un pronombre de objeto indirecto. Use el pretérito de los verbos.

MODELO: Frida Kahlo / mostrar / sus cuadros / a sus amigos
Frida Kahlo les mostró sus cuadros.

Nombre: ______________________________ **Fecha:** ______________

1. Los cuadros de Frida Kahlo / impresionar / a mis amigos y a mí

   ____.

2. En sus cuadros / Frida / comunicar / su sufrimiento / al público

   ____.

3. El director de la galería de arte / pedir / a Frida / más cuadros para la exposición

   ____.

4. Frida / prestar / sus cuadros / a las galerías de Nueva York

   ____.

5. Las galerías / dar / las gracias / a Frida y a Diego Rivera

   ____.

6. El director de la galería / pedir / tu opinión sobre la exposición / a ti

   ____.

04-37 *Gustar* y verbos semejantes. Llene los espacios en blanco con un pronombre de objeto directo y el imperfecto del verbo.

1. Recientemente le vendí dos cuadros a un coleccionista inglés; eran los cuadros que a mí menos ______________ (gustar).
2. Dicen que al coleccionista ______________ (encantar) aquellos cuadros; pagó casi un millón de dólares por ellos.
3. A otros críticos del arte ______________ (interesar) la escultura.
4. A nosotros ______________ (fascinar) las pinturas controvertidas del artista.
5. A la familia de la cantante ______________ (caer mal) el biógrafo que iba a escribir sobre su vida.

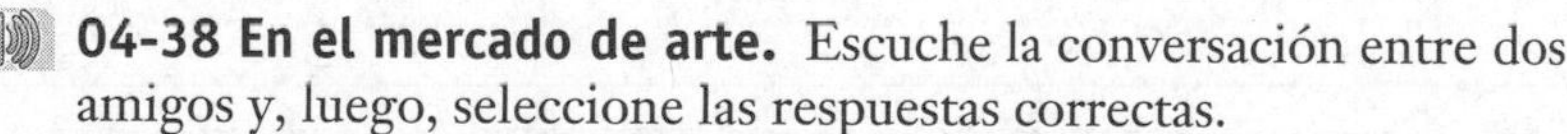

04-38 En el mercado de arte. Escuche la conversación entre dos amigos y, luego, seleccione las respuestas correctas.

1. ¿Qué le gusta hacer a la madre de Luisa?
   a. Tomar té y hacer ejercicio
   b. Pintar, leer y tomar café
   c. Leer revistas y caminar

2. ¿A quién le gusta la camiseta de Frida Kahlo?
   a. A Luisa
   b. A Marcos
   c. A nadie

3. ¿A quién le gusta la camiseta de Dalí?
   a. A Luisa
   b. A Marcos
   c. A nadie

4. ¿A quién le gustan las vasijas?
   a. A la mamá de Luisa
   b. A la mamá de Marcos
   c. A nadie

5. ¿Qué decide comprarle Luisa a su madre?
   a. Una vasija y unas flores
   b. Una camiseta de Kahlo y un libro
   c. Una taza de barro y el libro de Miró

04-39 Frida Kahlo. Busque en Internet algunos de los cuadros de Frida Kahlo. ¿Qué emociones despierta en usted el arte de Kahlo? Escriba tres oraciones usando los verbos de la lista.

(no) encantar (no) fascinar (no) gustar (no) interesar

1. ______________________
2. ______________________
3. ______________________

04-40 Hablando de su pasado. Responda a las siguientes preguntas oralmente. Grabe sus respuestas.

- ¿Qué dibujaba usted en sus clases de arte cuando era pequeño/a?
- ¿Le gustaba la clase de arte? ¿Por qué?
- ¿Es importante tener clases de arte en la educación primaria y secundaria? ¿Por qué?

Algo más (p. 114)

04-41 Un mural para la comunidad. Complete las siguientes oraciones con el uso apropiado del infinitivo o del gerundio.

1. Para __________ (pintar / pintando) un mural comunitario es importante que todos participen.
2. Cuando todos los miembros de la comunidad están __________ (colaborar / colaborando), siempre hay una sensación de mayor satisfacción.
3. El objetivo de __________ (crear / creando) un proyecto comunitario es unir a las personas de la comunidad.
4. __________ (Realizar / Realizando) un mural comunitario es una excelente manera de unificar a la comunidad.
5. Se puede tener una experiencia exitosa __________ (escuchar / escuchando) las voces y las opiniones de todos los miembros de la comunidad.

04-42 Estrategias para la conservación urbana. Llene los espacios con el infinitivo o el gerundio del verbo según el contexto.

Para (1) ______________ (contribuir) a la conservación de los edificios históricos, como la catedral de Lima, la ciudad puede hacer varias cosas. Por ejemplo, se deben (2) ______________ (mantener) los edificios antiguos en buen estado (3) ______________ (usar) exclusivamente los materiales que pertenecen a la época del edificio. La ciudad puede (4) ______________ (construir) nuevos edificios más eficientes que los antiguos (5) ______________ (valorar) la estética y técnicas antiguas. (6) ______________ (limitar) la construcción en zonas históricas y (7) ______________ (establecer) estrictos códigos de construcción para los barrios residenciales son dos estrategias que permiten mayor control del desarrollo urbano de la ciudad.

A escribir (p. 115)

 **04-43 Un artista hispano. Primera fase: Preparación.** Su profesor le pide a usted que prepare un informe sobre un importante artista hispano. Seleccione uno de ellos y busque información en Internet:

El Greco	Pablo Picasso
Juan Gris	Francisco de Goya
Roberto Matta	José Clemente Orozco

Tome nota de lo siguiente:

- lugar de nacimiento
- persona que influenció sus deseos de ser artista
- lugar(es) donde estudió arte
- una o dos de sus piezas artísticas más reconocidas
- su estilo artístico

____

____

____

____

Segunda fase: A escribir. Primero, vuelva a leer la explicación sobre el diálogo en la narración en su libro de texto (p. 115). Luego, use sus apuntes de la *Primera fase* para construir una narración de ficción en la que hay diálogo. Use una de las siguientes situaciones como inspiración para su historia:

1. Usted viaja al pasado y conoce al artista. Narre lo que sucedió durante su viaje y el encuentro entre usted y el artista. En su narración incluya algunos fragmentos del diálogo entre ustedes dos.

2. Usted y sus padres viajaron a España durante el verano. Un día van a una exposición de arte en el Museo del Prado. Sus padres quieren saber más sobre los artistas y las obras que ven ahí. Usted comparte con ellos lo que sabe sobre el arte español. Narre esta historia e incluya fragmentos del diálogo entre usted y sus padres.

Tercera fase: A editar. Lea de nuevo la narración que escribió y revise lo siguiente:

- **La efectividad de su relato:** la secuencia de eventos, la descripción del/de la artista y de su obra, la incorporación del diálogo
- **La precisión en el uso de la lengua:** el uso correcto del vocabulario y de los tiempos correctos
- **Las formalidades de la lengua:** la puntuación, la ortografía

A explorar (p. 118)

04-44 Su proyecto de clase. Para su clase de Protección del Medioambiente usted debe buscar información en Internet sobre los diversos tipos de viviendas ecológicas. Busque la siguiente información y escriba un informe.

- ¿Hay en su país casas que usen materiales naturales? ¿Qué materiales naturales utilizan?
- ¿Dónde se construyen las viviendas ecológicas?
- ¿Quiénes las construyen?
- ¿Son populares? ¿Por qué?

Nombre: ______________________ Fecha: ______________

La tecnología y el ocio

PRIMERA PARTE

A leer

Vocabulario en contexto (p. 124)

05-01 El entretenimiento. Complete las oraciones con las palabras de la lista.

archivo	reproductor portátil de música
entretenimiento	teclado
ocio	teléfono móvil

En mis horas de (1) ______________ uso mucho la tecnología. El (2) ______________ lo uso para llamar a mis amigos pero no lo uso para escribir mensajes de texto porque el (3) ______________ es muy pequeño. No me gusta usar el móvil para escuchar música porque tengo un (4) ______________ con más de mil canciones en mi (5) ______________. A veces también uso Internet porque es la mejor forma de (6) ______________ para la gente de mi generación.

05-02 La tecnología de hoy. Complete las oraciones con la expresión apropiada.

1. Facebook es ______________.
   a. una red social **b.** una pantalla táctil **c.** un reproductor portátil de música
2. Ana hizo su presentación con un ______________ de Word.
   a. cuaderno **b.** archivo **c.** teclado
3. El iPad tiene ______________.
   a. una pantalla táctil **b.** un usuario **c.** un mensaje de texto

4. Es importante ____________________ las nuevas tecnologías.
   a. depender de   b. estar al día con   c. quedarse rezagado/a de

5. Las tiendas que venden aparatos electrónicos permiten a los consumidores interactuar y ____________________ los productos que tienen en venta.
   a. teclear   b. vender   c. experimentar

05-03 Definiciones. Lea las definiciones y escriba las palabras que corresponden.

1. El ____________________ es la persona que usa la computadora.
2. La ____________________ es la parte de la computadora que muestra las imágenes.
3. El ____________________ es el tiempo libre que cada persona tiene.
4. ____________________ significa mover las manos para escribir digitalmente.
5. Un ____________________ es un lugar donde se guarda un documento digital.

05-04 Su turno. Escriba su respuesta a la siguiente pregunta:
¿Es necesario comprar el último modelo de los aparatos tecnológicos? Explique.

____

____

____

____

05-05 Sus actividades favoritas. Responda a las siguientes preguntas oralmente sobre sus actividades favoritas de ocio.

- ¿Con qué frecuencia las hace?
- ¿Con quién(es) las hace?
- ¿Dónde las hace?

Nombre: ______________________ Fecha: ______________

Lectura (p. 126)

05-06 Preparación. Complete las oraciones con la expresión apropiada.

1. Carlos y Ana ______________ en la clase de matemáticas.
2. El usuario ______________ cuando la computadora no funciona.
3. Andrés quiere dejar de ______________.
4. Sofía mira a sus ______________ pero no encuentra el teclado de la computadora.
5. Marcos quiere ______________ nuevas aplicaciones para su teléfono móvil.
6. Mildred compró un Nook para ______________ su Kindle.
7. Susana quiere ______________ un correo electrónico desde su teléfono.
8. Marcos mira la ______________ en su celular antes de salir con sus amigos.
9. Mi hermano no pudo ______________ el nuevo Play Station.
10. Instalé un filtro en la computadora que ______________ la entrada de cualquier virus.

a. escribir su blog
b. se saludan
c. conseguir
d. se desespera
e. cartelera del cine
f. impide
g. reemplazar
h. bajar
i. alrededores
j. enviar

05-07 Mientras espera. Responda a las siguientes preguntas. ¿Usa usted algún aparato electrónico mientras espera a alguien? ¿Qué aparato usa? ¿Qué hace con él? Explique la(s) situación(es) en detalle.

____

____

____

____

05-08 Examine el texto. Lea el artículo y, luego, determine si las afirmaciones son **ciertas**, **falsas** o si la información **no se menciona** en el texto.

El que espera ya no se desespera... gracias a la tecnología

Hoy en día el panorama de nuestras ciudades ha cambiado. Antes la gente caminaba por la calle mirando al frente y se saludaba. Muchas personas leían el periódico mientras esperaban el autobús, fumaban un cigarro antes de subir al metro o simplemente miraban a sus alrededores. Hoy en día todo ha sido reemplazado por la tecnología. Ya no sólo se espera simplemente el autobús o el metro, sino que se escucha música en el iPod, se leen los mensajes de texto, se envían correos electrónicos, se trabaja en el iPad, se lee un libro en el Nook o se habla por teléfono con el Bluetooth. Se pueden bajar diversos tipos de aplicaciones útiles al celular para informarse sobre el clima o para seguir instrucciones sobre rutas de tránsito, por ejemplo. También se pueden conseguir otras aplicaciones para pasar el tiempo de ocio, como las que se usan para ver la cartelera del cine o para jugar videojuegos. El mundo tecnológico de hoy satisface no sólo las necesidades de la vida laboral, sino también las del ocio y del entretenimiento masivo. La consecuencia inevitable es que el usuario de esta tecnología se vuelve cada vez más adicto a ella. Esta dependencia o potencial adicción impide que los jóvenes se dediquen a actividades más constructivas, como leer o estudiar, por ejemplo. Es necesario detenerse un momento a considerar las consecuencias de la vida moderna. ¿Queremos depender de la tecnología o disfrutarla con moderación?

1. La aplicación de la cartelera del cine es de gran popularidad. **a.** cierto **b.** falso **c.** no se menciona
2. La tecnología de hoy intenta entretener y ayudar a los usarios durante su tiempo libre. **a.** cierto **b.** falso **c.** no se menciona
3. El autor del texto menciona tres consecuencias negativas de la tecnología. **a.** cierto **b.** falso **c.** no se menciona
4. Se han escrito artículos sobre la relación entre el uso del teléfono celular y el cáncer. **a.** cierto **b.** falso **c.** no se menciona
5. El autor propone que reflexionemos sobre las consecuencias del uso de la tecnología. **a.** cierto **b.** falso **c.** no se menciona

05-09 Su experiencia. Responda a las siguientes preguntas oralmente.

- Mencione dos aparatos tecnológicos que usted usa con mucha frecuencia.
- ¿Para qué los usa?
- ¿Cuántas horas al día usa cada aparato?
- ¿Son absolutamente necesarios? ¿Por qué?

05-10 Reflexione un poco. Una consecuencia del uso de la tecnología es que nos volvemos dependientes o adictos a ella. ¿Qué opina sobre este argumento? Explique.

____

____

____

Nombre: ______________________ Fecha: ______________

Aclaración y expansión (p. 129)

05-11 Los avances tecnológicos. Escuche la conversación entre Marcos y Silvia y, luego, determine quién hace los siguientes comentarios.

1. Sí la vi.	**a.** Marcos	**b.** Silvia	**c.** nadie
2. ¿Por qué no la compras?	**a.** Marcos	**b.** Silvia	**c.** nadie
3. Prefiero hacerlo manualmente.	**a.** Marcos	**b.** Silvia	**c.** nadie
4. Vamos a conseguirlos juntos.	**a.** Marcos	**b.** Silvia	**c.** nadie
5. ¿Por qué no lo dijiste antes?	**a.** Marcos	**b.** Silvia	**c.** nadie

05-12 El ocio. Escriba el objeto directo en el espacio en blanco.

Modelo: Tomás usa la computadora. *la*

1. El profesor ayuda a los estudiantes. ______________
2. Jorge tiene que comprar un teclado nuevo para su computadora. ______________
3. Lupe llama por teléfono a su mamá. ______________
4. Mara y su novio visitan a su amigo José. ______________
5. Mis amigas y yo escribimos mensajes de texto frecuentemente. ______________
6. Después de las vacaciones voy a hacer una dieta. ______________
7. Alma espera a su amiga. ______________
8. Los estudiantes de ciencias organizan las mejores fiestas. ______________

05-13 Sustituciones. Conteste las siguientes preguntas usando un pronombre de objeto directo.

Modelo: ¿Tomás usa la computadora?
Sí, Tomás la usa.

1. ¿El profesor ayuda a los estudiantes?
   Sí, ______________________________
2. ¿Jorge compró un teclado nuevo?
   No, ______________________________
3. ¿Lupe llamó por teléfono a su mamá?
   Sí, ______________________________
4. ¿Mara y su novio visitaron a su amigo José?
   Sí, ______________________________
5. ¿Usted y sus amigas escriben mensajes de texto frecuentemente?
   Sí, ______________________________
6. ¿Después de las vacaciones Mirta va a hacer una dieta?
   No, ______________________________
7. ¿Alma espera a su amiga?
   Sí, ______________________________
8. ¿Los estudiantes de ciencias organizan las mejores fiestas?
   Sí, ______________________________

Nombre: ______________________________ Fecha: ______________

05-14 Mis primeros encuentros con la tecnología. Escuche el relato y complete las oraciones.

1. "Era de mis padres, pero a veces me la prestaban para jugar un poco. Después ______________ vendieron y no tuvimos ______________".
2. "De niño nunca tuve ______________, siempre quería ______ que tenían mis amigos".
3. "Mis primos tenían un ______________ pero ya no me gustaba usar ______________ después de jugar con el Nintendo de mis vecinos".
4. "Cuando llegué a la universidad, me compré un ______ y ______ jugué día y noche con mis compañeros de cuarto".
5. "¡Es increíble ver ______________ jugar! ¡Mis ______________ son tan pequeños pero juegan mejor que yo!"

05-15 En el torneo. Escriba oraciones completas. Use el presente y un pronombre de objeto directo. Observe el modelo.

Modelo: El campeón / recibir / el trofeo
El campeón lo recibe.

1. Los estudiantes / limpiar / el gimnasio

____

2. Mucha gente / aplaudir / a nosotros

____

3. María / ayudar / a sus compañeras

____

4. El rector / felicitar / a los padres de familia / por la buena actitud de sus hijos

____

05-16 Una reunión con los amigos. Escuche la información sobre lo que cada persona hace en la fiesta. Luego, complete las oraciones con el pronombre de objeto directo que corresponde.

Modelo: (usted escucha) Sus amigos llevan aperitivos.
Yo *los* llevo también.

1. Yo ______ tomo también.
2. Mi novia ______ pone también.
3. Alfredo ______ pide con él.
4. Felipe ______ explica de nuevo porque algunos no comprendieron.
5. Yo ______ tengo.
6. Yo sí ______ lavo.
7. Alma y yo no ______ dejamos sobre la mesa.
8. Yo ______ invité también porque es mi amigo.

Nombre: ______________________________ Fecha: ________________

05-17 Un torneo de baloncesto. Escriba las actividades que usted ya hizo. Use el pretérito de los verbos y un pronombre de objeto directo. Observe el modelo.

MODELO: ayudar al director de eventos

Lo ayudé.

1. reservar el gimnasio

____

2. pedir fondos para el evento

____

3. poner los anuncios en el periódico de la universidad

____

4. pedir la aspiradora para limpiar el apartamento

____

5. dar instrucciones para usar la fotocopiadora

____

6. comprar el trofeo

____

7. mandar las invitaciones

____

8. colocar las bebidas en su lugar

____

05-18 ¿Qué hizo usted ayer? Responda a las siguientes preguntas. Use un pronombre de objeto directo en sus respuestas.

1. ¿Recibió mensajes de texto?

   No, ______________________________

2. ¿Compró un iPhone?

   No, ______________________________

3. ¿Usó mucho su computadora portátil?

   Sí, ______________________________

4. ¿Escuchó música en su iPod?

   Sí, ______________________________

5. ¿Envió correos electrónicos ayer?

   Sí, ______________________________

05-19 Recuerdos. Responda a las siguientes preguntas oralmente.

- ¿Cuántos años tenía usted cuando usó una computadora por primera vez?
- ¿Jugaba videojuegos de pequeño/a?
  - ¿Cuáles eran sus juegos favoritos?
  - ¿Con quién(es) jugaba?
  - ¿Con qué frecuencia jugaba?

Ventanas al mundo hispano (p. 134)

Antes de ver

05-20 Deportistas famosos del mundo hispano. Identifique las personas con la información correspondiente. Consulte Internet si es necesario.

1. _____ Rafael Nadal
2. _____ Alex Rodríguez
3. _____ Cecilia Tait
4. _____ José Raúl Capablanca
5. _____ Lionel Messi

a. campeón mundial de ajedrez de Cuba
b. futbolista de Argentina
c. tenista de España
d. jugador de béisbol dominicano americano
e. voleibolista de Perú

05-21 Asociaciones. Relacione las siguientes oraciones con el significado más apropiado.

1. _____ El deporte es motivo de culto y ceremonia.
2. _____ Son del equipo vencedor.
3. _____ Estos deportistas han tenido una actuación destacada.
4. _____ Los equipos cuentan con aficionados de todas las edades, clases sociales y de ambos sexos.
5. _____ Rompieron las barreras.

a. Son miembros del grupo que gana.
b. Los jugadores han sobresalido.
c. Muchas personas apoyan y admiran a los jugadores de estos grupos.
d. Superaron los obstáculos.
e. Este deporte tiene repercusiones en distintos aspectos culturales.

Mientras ve

05-22 Identificación. Complete las siguientes oraciones con la opción más apropiada.

1. _____ El juego de pelota…
2. _____ La pelota…
3. _____ Roberto Clemente…
4. _____ El primer Campeonato Mundial de Fútbol…
5. _____ En América Latina la participación de mujeres en el fútbol…

a. hizo muchas obras sociales.
b. fue en Uruguay en 1930.
c. tenía un carácter ritual y sagrado.
d. debía pasar por un arco de piedra.
e. es poco frecuente todavía.

Después de ver

05-23 ¿Cuánto recuerda? Marque (√) los temas que son tratados en este video.

1. _____ Se mencionan deportes que se practicaban antes de la llegada de los españoles.
2. _____ Se identifican los deportes más populares en distintas regiones de Hispanoamérica.
3. _____ Se dice cuánto ganan específicamente los deportistas profesionales en América Latina y en España.
4. _____ Se nombra a algunos deportistas destacados.
5. _____ Se mencionan algunas diferencias entre hombres y mujeres respecto a la práctica de los deportes.

Nombre: ______________________ Fecha: ______________

05-24 Los deportes y el dinero. Responda a las siguientes preguntas.

1. ¿Está usted de acuerdo con poner límites al salario que reciben los deportistas profesionales? ¿Por qué?

____

____

____

____

2. ¿Cree usted que los jugadores que son seleccionados para representar a su país deben hacerlo sin recibir dinero? ¿Por qué?

____

____

____

____

3. ¿Piensa que los deportistas universitarios deben sacar buenas notas para poder participar en los equipos deportivos universitarios? ¿Por qué?

____

____

____

____

Nombre: ______________________ Fecha: ______________

SEGUNDA PARTE

A leer

Vocabulario en contexto (p. 135)

05-25 Asociación. Relacione la palabra en la columna de la izquierda con la expresión apropiada en la columna de la derecha.

1. árbitro ____	**a.** fanático/a
2. hincha ____	**b.** paracaidismo
3. riesgo ____	**c.** tarjeta roja
4. pelota ____	**d.** tenis

05-26 En contexto. Complete las oraciones con el deporte que corresponde.

baloncesto	ciclismo	fútbol	tenis

1. Se practica en largas distancias al aire libre. El Tour de France es la competición más famosa de este deporte. ______________

2. Se juega en equipo. Los jugadores son muy altos.
____

3. Se usa el pie para patear la pelota. Nadie usa las manos excepto el arquero (*goalie*). ______________

4. Se juega en parejas o en equipo en canchas de cemento o en césped. El torneo más famoso de ese deporte es Wimbledon.
____

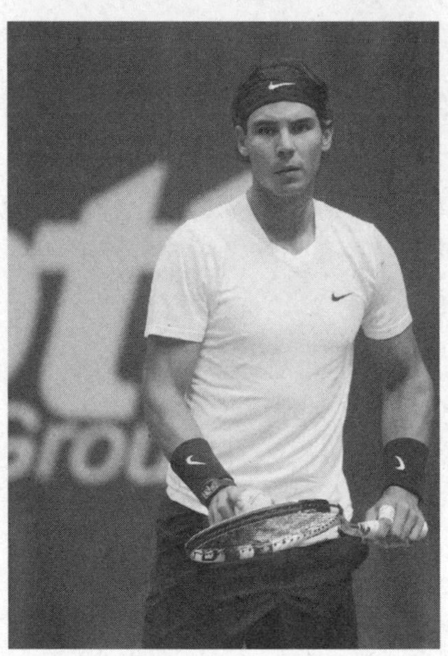

05-27 Descripciones. Complete las oraciones con el infinitivo del verbo que corresponde.

disfrutar	ganar	jugar
perder	sustentar	llevar

1. Ser vencido por otro competidor: ______________

2. Usar o tener puestos algunos artículos de ropa: ______________

3. Pasarlo bien, divertirse: ______________

4. Participar en un juego: ______________

5. Tener éxito en un juego: ______________

6. Defender, apoyar: ______________

Nombre: ______________________________ Fecha: ____________________

Lectura (p. 137)

05-28 Preparación. Escoja la palabra que mejor corresponde.

1. dejar de	**a.** puerto
2. inglés	**b.** descanso
3. fatiga	**c.** cansancio
4. marinero	**d.** británico
5. recreativo	**e.** parar
6. reposo	**f.** divertido

05-29 Antes de leer. Responda a las siguientes preguntas. Según usted, ¿como se define la palabra *deporte?* ¿Es el golf un deporte? ¿Y el *frisbee*? ¿Sabe qué deportes se incluyen en los Juegos Olímpicos? ¿Cuáles no están incluidos? De esos, ¿cuál debe ser incluido?

____

____

____

____

05-30 Examine el texto. Lea el artículo y, luego, escuche las oraciones para determinar si las afirmaciones son **ciertas, falsas** o si la información **no se menciona** en el texto.

Hacia una definición del deporte

La palabra *deporte* proviene de la palabra *deportarse* o *divertirse*, del latín *deportare*, la cual expresaba la acción de salir al campo y ponerse en movimiento. Hay personas que atribuyen el origen de esta palabra a la expresión estar *de portu*, utilizada por los marineros para referirse a las temporadas libres que pasaban en el puerto cuando podían divertirse. Independientemente, la palabra deja de usarse en España pero reaparece a principios del siglo XX como traducción de la palabra inglesa *sport*. Sin embargo, la palabra adquiere su significado moderno, que lo relaciona con una actividad física realizada con fines recreativos, cuando llega al español a través del inglés.

El deporte es expansión, no reposo; hace alusión a la fatiga tanto física como intelectual que experimenta la persona. Pero los beneficios del deporte no se limitan al individuo. Se ha dicho que la actividad deportiva colectiva promueve el contacto entre los individuos y el medio ambiente. En este sentido, el deporte incentiva el aprecio por la naturaleza, los otros miembros de la comunidad y la responsabilidad.

Desde luego, hay que considerar también que aparte del deporte competitivo organizado a gran escala nacional e internacional, existe un deporte espontáneo, de sencilla competición. Este es el deporte recreativo que abarca todas las edades y habilidades y que muchas veces se puede practicar a lo largo de la vida. Los objetivos de este tipo de deporte son el bienestar de salud, el relajamiento mental y creativo, además del desahogo del estrés y la diversión.

1. a. cierto	**b.** falso	**c.** no se menciona
2. a. cierto	**b.** falso	**c.** no se menciona
3. a. cierto	**b.** falso	**c.** no se menciona
4. a. cierto	**b.** falso	**c.** no se menciona
5. a. cierto	**b.** falso	**c.** no se menciona
6. a. cierto	**b.** falso	**c.** no se menciona

Nombre: ______________________ Fecha: ______________________

05-31 Ventajas y desventajas de ser atleta. Diga si los siguientes aspectos de la vida de un deportista profesional representan una ventaja o una desventaja para el atleta. Justifique su respuesta.

1. Tener una vida pública

____

____

2. Ser un modelo para los jóvenes

____

____

3. Recibir un salario alto

____

____

05-32 Su turno. Responda a las siguientes preguntas oralmente.

- ¿Le gustaría tener la vida de un atleta profesional? ¿Por qué?
- ¿Qué deporte prefiere jugar?
- ¿Para qué equipo le gustaría jugar?

Aclaración y expansión (p. 140)

05-33 Las necesidades de los deportistas. Identifique el verbo de la cláusula principal que expresa un deseo o una necesidad y escríbalo en el espacio.

1. Esperamos que los jugadores sean buenos. ______________
2. Los jugadores quieren que los espectadores los apoyen. ______________
3. Los entrenadores necesitan que los jugadores vayan a las sesiones de entrenamiento todos los días. ______________
4. Los árbitros desean que los jugadores no protesten sus decisiones. ______________

05-34 Los deportistas. Complete las oraciones con el presente del subjuntivo.

1. Los jugadores esperan que el agente del equipo ______________ (estar) en el estadio hoy.
2. Los entrenadores del equipo insisten en que los jugadores ______________ (jugar) bien.
3. Las tenistas quieren que el árbitro ______________ (prestar) más atención a las líneas.
4. Los padres de los jugadores desean que el equipo ______________ (seleccionar) a sus hijos.
5. La atleta prefiere que su agente ______________ (negociar) un buen contrato.
6. Algunos jóvenes jugadores prefieren que sus padres les ______________ (dar) menos consejos.

Nombre: ______________________ Fecha: ______________

05-35 Una llamada telefónica. Escuche la conversación entre dos amigas y complete las siguientes oraciones con los verbos del subjuntivo que usted escuchó.

1. Clara dice: ¡Me alegro de que me ____________!
2. Lucía dice: Tengo miedo de que ____________.
3. Lucía dice: Ojalá que no ____________ ningún accidente Sofía.
4. Clara dice: Espero que le ____________ muy bien a Sofía en su clase.

05-36 Un hincha decepcionado. Complete las oraciones con el presente del subjuntivo.

1. No quiero que mi equipo ____________ (irse).
2. Prefiero que el entrenador ____________ (quedarse) aquí.
3. No quiero que los jugadores ____________ (despedirse).
4. Deseo que el dueño ____________ (mantener) el equipo en esta ciudad.
5. Mi amigo me pide que ____________ (ver) el último partido con él.
6. Él necesita que (yo) ____________ (comprar) las entradas.

05-37 Su turno. Complete las oraciones con el presente del subjuntivo de los verbos de la lista. Observe el modelo. No repita verbos.

disfrutar	ganar	gastar	jugar
ofrecer	perder	sentarse	vestirse

Modelo: Espero que Miguel Indurain y su familia *tengan* más privacidad.

1. Deseo que Rafael Nadal ____________ mejor en su próximo partido de tenis. Su último partido fue terrible.
2. Quiero que Óscar de la Hoya ____________ de la vida. Ha estado muy triste últimamente.
3. Prefiero que Alex Rodríguez ____________ en la banca y no juegue en el próximo partido de béisbol.
4. Recomiendo que Sergio García ____________ con ropa menos colorida en su próximo campeonato de golf. Distrae al público.
5. Necesito que la entrenadora de natación, Ana Guevara, ____________ una clase abierta al público interesado en prepararse para la competencia de los 400 metros.
6. Quiero que Carlos Arroyo y sus compañeros de equipo ____________ su próximo partido de baloncesto. Me encanta este equipo.
7. Aunque Lorena Ochoa no me cae bien, espero que no ____________ su próximo torneo de golf.

05-38 Una hermana atleta. Complete las oraciones con el presente del subjuntivo.

1. Ojalá que mi hermana ____________ (ganar) mucho dinero.
2. Espero que mi familia y yo ____________ (poder) ver uno de sus partidos.
3. Quiero que mi hermana ____________ (competir) contra una atleta famosa.

4. Ojalá que mi hermana ______________ (tener) muchos aficionados.

5. Me alegro mucho de que mis amigos ______________ (estar) orgullosos de mi hermana.

Algo más (p. 145)

05-39 Consejos para vivir una vida saludable. Complete el párrafo con los adverbios correspondientes.

Para tener buena salud (1) ______________ (normal) se recomienda hacer ejercicio (2) ______________ (frecuente) y seguir una dieta moderada. Por lo general, la mayoría de las personas no siguen las dietas (3) ______________ (correcto). El mejor consejo para una vida saludable es vivir (4) ______________ (tranquilo) y sin estrés. Al combinar todos estos factores (5) ______________ (regular), usted va a sentirse mejor.

05-40 ¿Con qué frecuencia? Escriba oraciones completas. Use el presente del indicativo y un adverbio.

Modelo: Ella / hacer ejercicio / regular
Ella hace ejercicio regularmente.

1. Yo / jugar golf / frecuente

____

2. Nosotros / nadar en el lago / normal

____

3. Mi padre / utilizar el equipo deportivo / cuidadoso

____

4. Juan / descansar / tranquilo / después del partido de fútbol

____

5. La maestra de tenis / explicar las reglas / claro

____

6. Luisa / lanzar la pelota de béisbol / perfecto

____

A escribir (p. 146)

05-41 La exposición. **Primera fase:** Preparación. Primero, lea la explicación del ensayo expositivo en su libro de texto. Luego, escoja uno de los siguientes temas.

1. Los beneficios de la vida activa
2. El ocio y la vida universitaria

Nombre: ______________________ **Fecha:** ______________

3. Haga lo siguiente: Escriba una lista de palabras (verbos, adjetivos, etc.) que se relacionan con el tema que escogió.

Segunda fase: A escribir. Usted escribe para el periódico de su universidad y debe entregar un artículo expositivo sobre el tema que escogió en la *Primera fase*. Desarrolle el tema.

1. **Los beneficios de la vida activa.** Exponga la relación del deporte con la salud física y mental. Mencione los servicios universitarios a los que los estudiantes pueden recurrir. Indique lo que el director de servicios estudiantiles quiere que hagan los estudiantes para mejorar o mantener un estilo de vida sano.
2. **El ocio y la vida universitaria.** Indique las actividades físicas, sociales y recreativas que suelen practicar los estudiantes en su universidad durante su tiempo libre. ¿Cuándo y dónde las hacen? ¿Qué les motiva a hacer estas actividades? ¿Qué otras instalaciones quiere usted que haya en su universidad?

Tercera fase: A editar. Lea de nuevo el texto que escribió y revise lo siguiente:

- **La estructura de su exposición:** la introducción, el cuerpo temático y la conclusión
- **La precisión en el uso de la lengua:** el uso correcto del vocabulario y de las conjugaciones verbales (indicativo y subjuntivo)
- **Las formalidades de la lengua:** la puntuación, la ortografía

A explorar (p. 149)

05-42 El mejor lugar de trabajo. Un estudio publicado recientemente indica que la mejor compañía para la cual se puede trabajar es Google. ¿Sabe usted por qué? Busque la información en Internet. Escriba tres beneficios que Google les ofrece a sus empleados. ¿A usted le gustaría trabajar para Google? Explique.

Nombre: ______________________________ Fecha: ______________

La comida

PRIMERA PARTE

A leer

Vocabulario en contexto (p. 154)

06-01 Cada cosa en su lugar. Indique el ingrediente que no pertenece al grupo.

1. a. mango b. naranja c. alcachofa d. uva
2. a. trigo b. maíz c. arroz d. lechuga
3. a. zanahoria b. plátano c. patata d. cebolla
4. a. azafrán b. pescado c. cordero d. res

06-02 Mis preferencias. Responda a las siguientes preguntas oralmente.

- ¿Cuál es su fruta favorita? ¿Su verdura favorita?
- ¿Hay alguna comida que usted no come? ¿Por qué?

06-03 La preparación de la carne. Indique con qué fase de la experiencia culinaria se asocia cada verbo.

1. hornear
   a. preparación b. modo de cocinar c. después de cocinar
2. freír
   a. preparación b. modo de cocinar c. después de cocinar
3. cortar en rodajas
   a. preparación b. modo de cocinar c. después de cocinar
4. guisar
   a. preparación b. modo de cocinar c. después de cocinar
5. servir
   a. preparación b. modo de cocinar c. después de cocinar

Nombre: ______________________ Fecha: ______________

Lectura (p. 156)

06-04 Anticipación. Asocie las palabras con su significado para completar el crucigrama.

ciervo	costumbre	gastronomía	jabalí
mezcla	producto	sabroso	sobresale

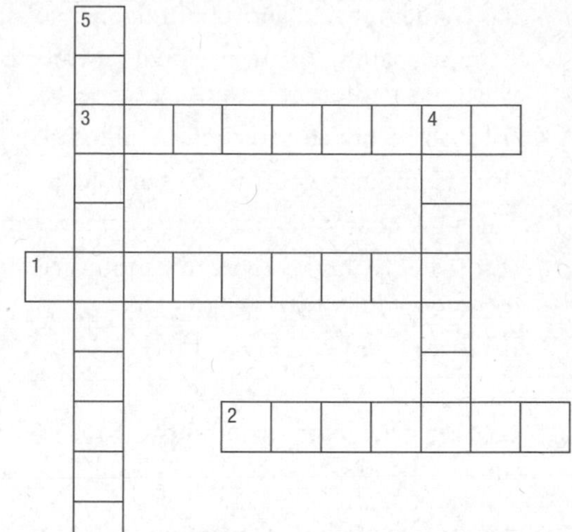

Horizontal:

1. tradición: ______________
2. delicioso: ______________
3. resalta: ______________

Vertical:

4. venado: ______________
5. artes culinarias: ______________

06-05 En su opinión. Responda a las siguientes preguntas. ¿Cómo es la comida típica de Estados Unidos? ¿Qué ingredientes se usan? Describa los platos típicos de la región donde usted vive.

____

____

06-06 La comida hispana. Lea el siguiente artículo y, luego, determine si las afirmaciones son **ciertas**, **falsas** o si la información **no se menciona** en el texto.

Variaciones en la gastronomía hispana

La diversidad de terrenos, climas y tradiciones en los países hispanos influyen en la variedad de productos que se cultivan y se consumen. Por esta razón, no se puede hablar de una sola gastronomía hispana.

La comida cubana de hoy, por ejemplo, es el resultado de la mezcla de las costumbres culinarias españolas, indígenas y africanas. El plato nacional es el ajiaco criollo, preparado con vegetales y carnes de diversos tipos, acompañado de arroz. Otros platos cubanos típicos son la carne de cerdo asada o frita, los tostones o chatinos (trozos de plátano verde aplastados y fritos), los chicharrones de cerdo y el picadillo de carne de res. Una bebida cubana muy refrescante es el mojito, hecha con menta, limón y ron.

El ingrediente principal de la comida argentina es la carne. La mayoría de los argentinos usan parrillas para preparar sus sabrosas carnes asadas. Según ellos, el secreto de una buena carne asada está en el corte de la carne y la sabia administración del fuego. Otro plato de la cocina argentina es el asado con cuero, donde una ternera dividida en trozos se pone en una zanja (excavación que se hace en la tierra) encendida durante algunas horas. Los ingredientes que se utilizan en el asado con cuero son el maíz tierno, los pimientos picantes y el charqui (*jerky*) de vaca, cordero o cerdo. En la Patagonia sobresalen los patés y ahumados (*smoked meats*), carnes de ciervo o jabalí, truchas, salmones de criaderos y mariscos. En Argentina también se toma el mate, una infusión de hierba similar al té. El mate se prepara con frecuencia en una calabaza, donde luego se pone agua caliente. Se toma con una bombilla (*small tube*) de plata.

1. La comida hispana en términos generales varía muy poco de país en país. a. cierto b. falso c. no se menciona
2. La gastronomía cubana es el resultado de la confluencia de las tradiciones españolas e indígenas solamente. a. cierto b. falso c. no se menciona
3. Para preparar el plato nacional de Cuba hay que usar verduras y diferentes tipos de carnes. a. cierto b. falso c. no se menciona
4. El maíz se usa con frecuencia en los platos típicos cubanos. a. cierto b. falso c. no se menciona
5. En la comida argentina se usan muchas verduras. a. cierto b. falso c. no se menciona
6. Se come charqui en diferentes regiones de Argentina. a. cierto b. falso c. no se menciona
7. En la Patagonia se come una gran variedad de carne, pescado y mariscos. a. cierto b. falso c. no se menciona
8. El mate es un corte de carne. a. cierto b. falso c. no se menciona

06-07 Una crítica gastronómica. Escuche la crítica del restaurante Santo Coyote y complete las siguientes oraciones.

1. Santo Coyote es un restaurante de ____.
   a. alta cocina mexicana **b.** comida cubana **c.** alta cocina colombiana
2. Una de las características más sobresalientes de este restaurante es ____.
   a. el precio **b.** la iluminación **c.** el servicio
3. La decoración del restaurante es ____.
   a. rústica **b.** minimalista **c.** moderna
4. El estilo de presentación de los platos es ____.
   a. antiguo **b.** contemporáneo **c.** elegante
5. Santo Cachorro es un ____.
   a. bar **b.** café **c.** salón de baile

06-08 Los estereotipos. Después de escuchar el programa de radio, determine si las afirmaciones son **ciertas, falsas** o si la información **no se menciona** en la grabación.

1. La locutora del programa de radio menciona cinco estereotipos sobre la comida hispana.
   a. cierto **b.** falso **c.** no se menciona
2. Las tortillas de maíz se comen solamente en México y Guatemala.
   a. cierto **b.** falso **c.** no se menciona
3. Se come mucho queso blanco en México.
   a. cierto **b.** falso **c.** no se menciona
4. El tequila es una bebida popular en México.
   a. cierto **b.** falso **c.** no se menciona

06-09 Su plato favorito. Responda a las siguientes preguntas oralmente.

- ¿Cuál es su plato favorito de comida hispana?
- ¿Qué ingredientes lleva?
- ¿Cuándo acostumbra comerlo?

Nombre: ______________________ Fecha: ______________

Aclaración y expansión (p. 160)

06-10 Ayudando a preparar la cena. Llene los espacios en blanco con el objeto directo (**OD**) de cada oración.

Modelo: Mi madre nos preparó una cena deliciosa. *una cena*

OD

1. Mi madre nos prestó su cocina. ____________
2. Mis hermanos me compraron las papas. ____________
3. Mi madre me dio el postre. ____________
4. Mi hermana me ofreció su ayuda con la preparación del pollo. ____________
5. Mis tíos nos hicieron unas sugerencias. ____________
6. Mis padres me prestaron platos finos ____________
7. Mi madre me dio unos guantes para sacar el plato del horno. ____________
8. Mi familia me hizo varias preguntas sobre los platos. ____________

06-11 Una cena. Vuelva a escribir las siguientes oraciones con los pronombres de objeto directo e indirecto necesarios. Siga el modelo.

Modelo: Mi madre preparó una cena deliciosa para nosotros.
Mi madre nos la preparó.

1. Mi madre cocinó una sopa de camarones para nosotros.
   ____.
2. Mis hermanos compraron las papas para mí.
   ____.
3. Mi madre trajo el postre para nosotros.
   ____.
4. Mi hermana puso la mesa para mí.
   ____.
5. Mis tíos dieron unas sugerencias por correo electrónico para nosotros.
   ____.
6. Mis padres enviaron dinero para mí.
   ____.
7. Mi madre compró unos guantes de cocina para mí.
   ____.
8. Mi familia hizo varias preguntas sobre los platos a mí y a mi esposo.
   ____.

06-12 Después de la cena. Responda a las siguientes preguntas, usando el pronombre directo e indirecto.

Modelo: ¿Le envió usted las invitaciones a su familia? Sí, *se las envié.*

1. ¿Les sirvió usted bebidas a los niños? Sí, ______________________________

2. ¿Quién le pidió a usted las recetas? Mi madre ______________________________
3. ¿Le ofrecieron ustedes café a la abuela? No, ______________________________
4. ¿Le devolvió usted la cacerola a tía Berta? Sí, ______________________________
5. ¿La abuela le hizo muchas preguntas a su novio? Sí, ______________________________

06-13 De postre. Conteste las siguientes preguntas usando los pronombres de objeto directo e indirecto necesarios. Siga el modelo.

Modelo: ¿Le dio usted las invitaciones a su familia?
Sí, *se las di.*

1. ¿Les sirvió usted jugo a los niños?

   Sí, ______________________________.
2. ¿Su novio le pidió a usted las recetas?

   Sí, ______________________________.
3. ¿Le ofreció usted café a la abuela?

   Sí, ______________________________.
4. ¿Le dio usted la cacerola a su familia?

   Sí, ______________________________.
5. ¿La abuela le hizo muchas preguntas a su novio?

   Sí, ______________________________.

06-14 Un chef excepcional. Escuche al cocinero y escoja la respuesta apropiada a cada pregunta.

1. _____ ¿A quiénes les prepara huevos fritos con tocino?
2. _____ ¿Cómo le prepara la fruta a su esposa?
3. _____ ¿A quién le hace una tortilla francesa?
4. _____ ¿A quién le da la leche?
5. _____ ¿Cuándo hace café para su padre?

a. Se la prepara a sus padres.
b. Se la da al bebé.
c. Se los prepara a sus hijos.
d. Se lo hago en la mañana.
e. Se la sirve con yogur.

06-15 El abuelo. Conteste las preguntas usando pronombres de objeto directo e indirecto.

Modelo: **Marina:** Envié las invitaciones.
Abuelo: ¿A toda la familia?
Marina: Sí, *se las envié a toda la familia.*

1. **Marina:** La abuela mandó regalos.

   Abuelo: ¿A los niños?

   Marina: Sí, ______________________________
   ____
   ____

2. **Marina:** No todos los niños le dieron las gracias.

   Abuelo: ¿A quién no le dieron las gracias?

   Marina: (a la abuela) ______________________________

3. **Marina:** A algunas personas no les dimos las papas bravas porque son muy picantes.

   Abuelo: ¿A quiénes no les dieron las papas bravas?

   Marina: (a los niños) ______________________________

4. **Marina:** Como yo tenía mucha sed, mi amigo me ofreció una bebida.

   Abuelo: ¿Cuándo te ofreció una bebida?

   Marina: (después de cocinar) ______________________________

06-16 La organización de una fiesta familiar. Escriba oraciones completas usando el pretérito del verbo y los pronombres de objeto directo e indirecto. Siga el modelo.

Modelo: (Yo) traer / la música / a mi hermano
Se la traje.

1. (Yo) mandar / las invitaciones / a la familia

   ______________________________.

2. (Sandra) comprar / pelotas / a los perros

   ______________________________.

3. (Mi madre) dar / los jugos / a los menores

   ______________________________.

4. (Mis primos) preparar / comida vegetariana / a ti

   ______________________________.

5. (La abuela) comprar / un regalo / a mí

   ______________________________.

06-17 Una fiesta. Responda a las siguientes preguntas afirmativamente usando pronombres de objecto directo e indirecto.

Modelo: ¿Usted va a mandarles invitaciones a todos los compañeros de clase?
Sí, *se las voy a mandar*. O Sí, *voy a mandárselas.*

1. ¿Va a pedirle dinero al decano?

   Sí, ______________________________

2. ¿Va a asignarles una mesa especial a la presidenta y al decano?

   Sí, ______________________________

3. ¿Va a tomarle una foto a la presidenta?

   Sí, ______________________________

4. ¿Va a agradecerles a los estudiantes su colaboración?

   Sí, ______________________________

06-18 Mi especialidad. Responda a las siguientes preguntas oralmente.

- ¿A usted le gusta cocinar? ¿Cuál es su especialidad?
- ¿Cómo prepara este plato?
- ¿Para quién(es) lo prepara?
- Si no le gusta cocinar, explique por qué.

Ventanas al mundo hispano (p. 163)

Antes de ver

06-19 Comida y cultura. Responda a las siguientes preguntas. ¿Cuáles son algunas comidas que usted asocia con el mundo hispano? ¿Con qué país(es) asocia cada una de ellas?

____

____

____

06-20 El origen de algunas comidas. Seleccione la región con la que se asocian las siguientes comidas.

1. _____ la paella	**a.** Andalucía (España)
2. _____ el pescado frito	**b.** Chile
3. _____ las arepas	**c.** Venezuela
4. _____ la papa	**d.** América Latina
5. _____ el vino	**e.** Valencia (España)

Mientras ve

06-21 Las arepas venezolanas. Marque (√) lo que se necesita para cocinar arepas. Hay más de una respuesta correcta.

1. _____ tazón
2. _____ aceite
3. _____ leche fría
4. _____ harina de maíz
5. _____ pimienta
6. _____ sal
7. _____ plancha o sartén
8. _____ refrigerador
9. _____ horno caliente
10. _____ cucharas

Nombre: ______________________ Fecha: ______________

Después de ver

06-22 Los tostones puertorriqueños. Ordene las siguientes instrucciones para hacer esta comida típica puertorriqueña. Use las letras **a–f**.

1. _____ Fría las tajadas de plátano a fuego moderado alrededor de 7 minutos.
2. _____ Sáquelas, colóquelas sobre un papel adecuado para que se absorba la grasa y póngales un poquito de sal.
3. _____ Caliente a fuego alto la grasa o el aceite.
4. _____ Sáquelas del fuego y aplástelas (*flatten*) con un tenedor. Póngalas de nuevo en el agua y sáquelas inmediatamente. Escúrralas (*Rinse them*) bien.
5. _____ Corte los plátanos diagonalmente en tajadas de una pulgada de ancho. Remójelas por 15 minutos en agua con sal. Escúrralas bien.
6. _____ Fríalas nuevamente en grasa caliente para que se doren.

06-23 Su turno. **Primera fase.** Escriba las comidas que usted asocia con las siguientes festividades de Estados Unidos.

1. Navidad

   ____

2. Día de la Independencia

   ____

3. Día de Acción de Gracias

   ____

4. Hanukkah

   ____

Segunda fase. Elija uno de los platos típicos de la *Primera fase*, mencione los ingredientes que se necesitan y dé instrucciones para prepararlo.

____

____

____

____

____

____

Nombre: ______________________________ Fecha: ______________

SEGUNDA PARTE

A leer

Vocabulario en contexto (p. 164)

06-24 Los sabores. Seleccione la opción que mejor complete cada oración.

1. Me encanta ponerle ___________ a mi chocolate caliente.

a. chile **b.** canela **c.** azafrán

2. El regaliz negro (*black licorice*) tiene sabor a ___________.

a. anís **b.** ajo **c.** sésamo

3. La comida tailandesa usa mucho/a ___________.

a. jengibre **b.** salsa de tomate **c.** cacao

4. Cuando me apetece algo dulce, me encanta comer las ___________ cubiertas de chocolate.

a. especias **b.** alcaparras **c.** almendras

5. La ___________ es un producto dulce que a veces puede usarse como sustituto del azúcar.

a. canela **b.** semilla **c.** miel

6. No me gusta el cacao puro porque tiene un sabor muy ___________.

a. amargo **b.** espumoso **c.** salado

06-25 ¿Qué ingredientes lleva? Identifique el ingrediente que tiene cada comida.

1. la hamburguesa: _____

a. carne **b.** pescado **c.** helado

2. la pizza: _____

a. almendra **b.** pimienta **c.** azúcar

3. el té chai: _____

a. chile **b.** ajo **c.** clavo

4. el pay (*pie*) de manzana: _____

a. comino **b.** canela **c.** anís

5. el guacamole: _____

a. ajo **b.** sésamo **c.** jenjibre

06-26 Mis preferencias. Describa el tipo de comida que usted prefiere comer. ¿Come comida picante frecuentemente? ¿En general prefiere la comida dulce o salada? ¿Por qué?

____

____

____

____

Nombre: ______________________ Fecha: ______________

06-27 Sabrosos ingredientes. Complete el crucigrama con las palabras apropiadas.

Horizontales:

1. El __________, que viene del estigma de una flor, es posiblemente la especia más cara del mundo.
2. Los indígenas de Mesoamérica cultivaban el __________, el ingrediente principal en la preparación del chocolate.
3. Muchas personas piensan que el chocolate sin procesar es __________, pero en realidad es amargo.

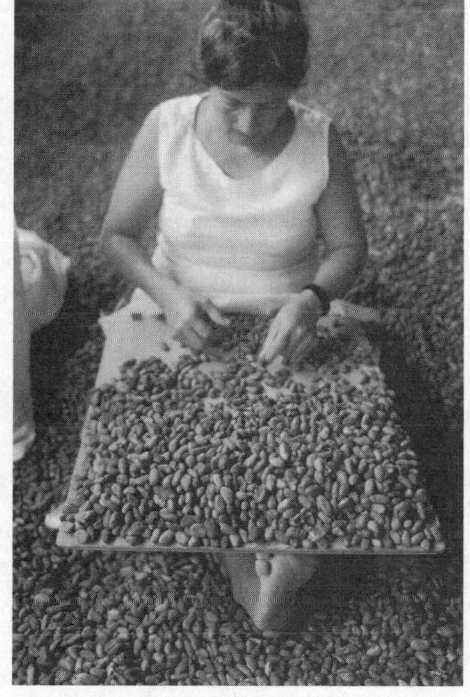

Verticales:

4. La __________ es una especia sabrosa que se le añade a muchas de nuestras bebidas calientes como el chocolate, el chai y el capuchino (café con leche).
5. Muchas personas usan la __________ para endulzar el té caliente. Es un producto natural y dicen que tiene propiedades nutritivas.

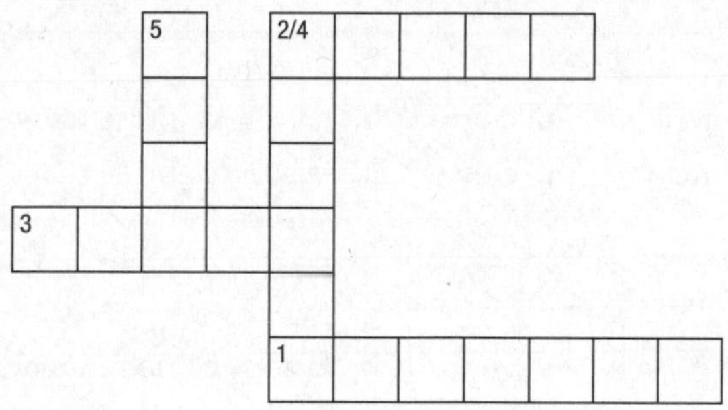

Lectura (p. 165)

06-28 Asociación. Relacione los términos con el significado más apropiado.

1. _____	alimento	**a.** eliminar
2. _____	cultivo	**b.** tierra
3. _____	erradicar	**c.** comida
4. _____	reemplazar	**d.** sustituir
5. _____	terreno	**e.** cosecha

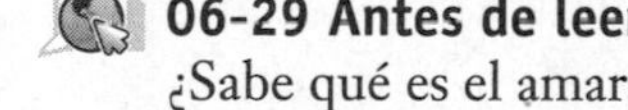

06-29 Antes de leer. Responda a las siguientes preguntas. ¿Cuántos tipos de granos puede usted mencionar? ¿Sabe qué es el amaranto (*amaranth*)? ¿A qué tipo de grano se parece? Busque la información en Internet si es necesario.

____

____

____

____

Nombre: ______________________________ Fecha: ______________

06-30 El amaranto. Lea el siguiente artículo y, luego, determine si las afirmaciones son **ciertas**, **falsas** o si la información **no se menciona** en el texto.

El amaranto: el alimento del pasado y del futuro

El amaranto es uno de los cultivos más antiguos. Para los mayas, los aztecas y los incas el amaranto era uno de los alimentos básicos de su dieta. Varios pueblos prehispánicos dedicaban grandes cantidades de terreno al cultivo de esta planta alta y roja. Apreciaban la planta por su valor nutritivo y sus propiedades curativas y medicinales. Este aprecio por el amaranto cambió con la llegada de los españoles. Después de su invasión en 1519, Hernán Cortés prohibió el cultivo del amaranto y ordenó la destrucción de todos los campos dedicados a su producción. El amaranto y otros productos nativos, como la quinoa, fueron reemplazados por plantas extranjeras como el trigo. En pocos años el amaranto casi se erradicó, excepto en algunas zonas remotas de las montañas de México y los Andes.

Hoy en día, los científicos reconocen los beneficios del amaranto; tiene más proteína que otros cereales como el trigo o el maíz. Es rico en carbohidratos y minerales, tiene poca grasa y no tiene colesterol. Las hojas (*leaves*) del amaranto tienen un alto contenido de vitaminas A y C y en algunos lugares las hojas sustituyen a las espinacas. También, es una planta que puede adaptarse y crecer en condiciones adversas: sequía (*drought*), altas temperaturas o tierras de pobre calidad. Por todo eso, el amaranto es uno de los alimentos más importantes del futuro.

1. Los europeos introdujeron el cultivo del amaranto en las Américas. **a.** cierto **b.** falso **c.** no se menciona
2. Durante siglos el amaranto ocupó un lugar muy importante en las dietas de varias culturas indígenas. **a.** cierto **b.** falso **c.** no se menciona
3. El amaranto se valoraba mucho porque servía como alimento y medicina para los indígenas. **a.** cierto **b.** falso **c.** no se menciona
4. La miel es un producto de alto valor nutritivo. **a.** cierto **b.** falso **c.** no se menciona
5. El amaranto fue sustituido por el trigo. **a.** cierto **b.** falso **c.** no se menciona
6. Recientemente el valor del amaranto como alimento ha aumentado. **a.** cierto **b.** falso **c.** no se menciona
7. Las hojas del amaranto pueden ser cocinadas en lugar de las espinacas. **a.** cierto **b.** falso **c.** no se menciona
8. El amaranto hoy se puede cultivar sólo bajo condiciones perfectas. **a.** cierto **b.** falso **c.** no se menciona

06-31 En su opinión. Lea de nuevo el último párrafo del texto sobre el amaranto y responda a las preguntas.

Hoy en día, los científicos reconocen los beneficios del amaranto; tiene más proteína que otros cereales como el trigo o el maíz. Es rico en carbohidratos y minerales, tiene poca grasa y no tiene colesterol. Las hojas (*leaves*) del amaranto tienen un alto contenido de vitaminas A y C y en algunos lugares las hojas sustituyen a las espinacas. También, es una planta que puede adaptarse y crecer en condiciones adversas: sequía (*drought*), altas temperaturas o tierras de pobre calidad. Por todo eso, el amaranto es uno de los alimentos más importantes del futuro.

¿Por qué el amaranto va a ser un alimento muy importante en el futuro? En su opinión, ¿hay otros productos tan beneficiosos como el amaranto? Explique.

____

____

____

____

Nombre: ______________________ Fecha: ______________

06-32 ¿Y en otros lugares? Responda a las siguientes preguntas. ¿Come usted mucha pasta? ¿Con qué país la asocia? ¿Sabe cuál es el origen de los fideos (*noodles*)? ¿Es para usted el fideo un producto tan versátil como el amaranto? ¿Por qué?

____

____

____

Aclaración y expansión (p. 168)

06-33 La cafetería de la universidad. Escuche la llamada telefónica y determine quién hace los comentarios: **el gerente, el cocinero** o **nadie.**

1. Quiero hacer unos cambios al menú. **a.** el gerente **b.** el cocinero **c.** nadie
2. Haga una fiesta de cumpleaños. **a.** el gerente **b.** el cocinero **c.** nadie
3. Cambie el pescado por los tacos de pollo. **a.** el gerente **b.** el cocinero **c.** nadie
4. Espero conocerlo personalmente. **a.** el gerente **b.** el cocinero **c.** nadie
5. Sirva paella de mariscos. **a.** el gerente **b.** el cocinero **c.** nadie

06-34 Un chef exigente. Complete las oraciones con los mandatos formales.

Modelo: Marcos, <u>rellene</u> los pimientos. (rellenar)

1. Felipe, ____________ la lechuga. (limpiar)
2. María, ____________ las cebollas. (cortar)
3. Carmen, ____________ los tomates. (guisar)
4. Jorge, ____________ sal a la olla. (poner)
5. Alberto, ____________ los tamales. (envolver)
6. Marta y Ana, ____________ el cordero. (marinar)
7. Juan y Rita, ____________ el pescado. (freír)
8. Pilar y Diego, ____________ la carne. (asar)
9. Óscar y José, ____________ el pastel. (hornear)
10. Julio y Enrique, ____________ la sopa. (probar)
11. Paula y Mónica, ____________ los platos. (lavar)

06-35 La reunión semanal. Complete el párrafo con los mandatos formales plurales.

Estimados empleados:

Estamos en un momento de gran transición. Hay nuevos cambios que prometen mejorar el restaurante y las condiciones de trabajo para todos, pero todos tenemos que colaborar.

Si ustedes tienen ideas o sugerencias de cómo mejorar la productividad, (1) ____________ (ponerse) en contacto conmigo de inmediato, en persona o por escrito y anónimamente. No (2) ____________ (esperar) que yo les dé ideas. (3) ____________ (Ser) creativos y (4) ____________ (tomar) la iniciativa.

(5) __________ (Hacer) contar sus ideas y su opinión. ¡(6) __________ (Poner) sus ideas por escrito! No las (7) __________ (dejar) en el aire. . . (8) Si prefieren, __________ (depositar) sus recomendaciones en el buzón de sugerencias sin miedo.

Atentamente,

El chef

06-36 El chef tiene prisa. Escriba un mandato formal con el pronombre de objeto directo apropiado. Siga el modelo.

MODELO: (Jorge) comer la carne

Cómala.

1. (Pedro) probar la sopa

   ____

2. (Liliana) poner las especias en la sopa

   ____

3. (Araceli y Josué) no lavar los platos sucios

   ____

4. (Noel) cortar las zanahorias en rodajas

   ____

5. (Los meseros) no servir la comida

   ____

06-37 Sugerencias para una empleada nueva. Use mandatos informales singulares y siga el modelo.

MODELO: Trabajar en grupo

Trabaja en grupo.

1. No llegar tarde

   ____

2. Mejorar la productividad

   ____

3. No hacer el trabajo de tus compañeros

   ____

4. Aprender de tu jefa

   ____

5. No criticar al supervisor/a

   ____

6. Ofrecer ayuda

   ____

Nombre: ______________________ Fecha: ______________

06-38 Las sugerencias del ex-jefe. Complete el párrafo con los mandatos informales.

Querido Tomás,

Me han dicho que eres el chef principal en un restaurante nuevo. ¡Felicidades! Sé que eres joven y muy ambicioso, pero como tengo más experiencia que tú quiero darte algunos consejos. (1) __________ (Tener) cuidado con tus empleados. (2) __________ (Interesarse) por ellos, (3) __________ (respetar) a todos y no (4) __________ (pensar) sólo en tus intereses personales sino en el bien del grupo. (5) __________ (Aprender) a trabajar bajo presión, (6) __________ (aceptar) las críticas y (7) __________ (aprovecharlas) para mejorar tu trabajo. (8) __________ (Hacer) bien tu trabajo y (9) __________ (crear) un ambiente agradable. No (10) __________ (descuidar) tu salud, no (11) __________ (trabajar) en exceso y no (12) __________ (olvidarse) de tu familia. Muchas veces la familia sufre las consecuencias de la ambición profesional.

Se despide tu amigo y chef,

Matiel Martínez

06-39 Problemas con los empleados. Lea las situaciones y, luego, escriba un mandato informal para decirles a las siguientes personas lo que deben o no deben hacer.

Modelo: Laura toma demasiado tiempo para almorzar.
Toma menos tiempo. / Apúrate.

1. Alicia no llega a tiempo a trabajar. ______________________
2. Jorge no pone jabón en el baño. ______________________
3. Marcos no se lava las manos. ______________________
4. Pilar y Carmen escriben mensajes de texto durante sus horas de trabajo. ______________________
5. Alberto insulta a sus compañeros. ______________________
6. Óscar y Mónica inician una relación amorosa. ______________________

06-40 Un/a amigo/a con intereses. Un/a amigo/a de usted quiere trabajar en un restaurante. Déle cinco sugerencias de lo que debe hacer. Use los mandatos informales en su respuesta oralmente.

Algo más (p. 172)

06-41 Una fiesta. Complete las oraciones con el equivalente de la expresión *let's*. Observe el modelo.

Modelo: Escoger el día y la hora de la fiesta
Escojamos el día y la hora de la fiesta.

1. Mandar las invitaciones

____.

2. Pedir que los invitados confirmen su asistencia

____.

3. Llevar música para bailar

____.

4. Comprar refrescos

____.

5. Poner un buffet de postres

____.

06-42 ¿A dónde vamos? Escuche la conversación entre dos amigas y, luego, determine si las siguientes oraciones son **ciertas, falsas** o si la información **no se menciona** en la grabación.

1. La Paloma ofrece un buffet muy rico.
   a. cierto **b.** falso **c.** no se menciona
2. Los Olivos no tiene mucha variedad de platos bajos en grasa.
   a. cierto **b.** falso **c.** no se menciona
3. Las dos amigas son vegetarianas.
   a. cierto **b.** falso **c.** no se menciona
4. Las Terrazas está un poco lejos.
   a. cierto **b.** falso **c.** no se menciona
5. Van a tomar un café en el carro.
   a. cierto **b.** falso **c.** no se menciona

06-43 Una invitación. Usted llama a un amigo/a para invitarlo/la a desayunar con usted pero su amigo/a no responde al teléfono. Déjele un mensaje en el contestador automático. Pronuncie su mensaje oralmente e incluya lo siguiente:

- un saludo
- por qué llama usted
- los detalles de la invitación
- cómo ponerse en contacto con usted

A escribir (p. 173)

06-44 ¿Para qué sirven?

Primera fase: Preparación. Lea las estrategias de la exposición en *Identidades*. Después investigue en Internet los usos medicinales de tres de los siguientes alimentos o productos. Escriba por los menos un uso medicinal de cada uno de ellos.

el agua salada	el ajo	el jengibre	el jugo de naranja
la miel	el rábano (*radish*)	el té verde	la vainilla

1. ______________________________
2. ______________________________
3. ______________________________

Nombre: ______________________ **Fecha:** ______________

Segunda fase: A escribir. Escriba un breve informe sobre el uso medicinal de algunos alimentos comunes. Describa el origen del producto, cómo se utiliza y para qué sirve. Use la información que obtuvo en Internet en la *Primera fase*.

____

____

____

____

____

____

Tercera fase: A editar. Lea de nuevo el texto que escribió y revise lo siguiente:

- **La estructura de su exposición:** la introducción, los párrafos que siguen la introducción y la conclusión
- **La precisión en el uso de la lengua:** el uso correcto del vocabulario y de los modos y estructuras pertinentes (pronombres de objeto directo e indirecto, mandatos formales e informales)
- **Las formalidades de la lengua:** la puntuación, la ortografía, los acentos

A explorar (p. 175)

06-45 Más sobre la comida. Investigue uno de los siguientes temas en Internet y escriba un informe para entregarle a su profesor de español.

1. **El mejor restaurante.** Busque uno de los mejores restaurantes de España. ¿Qué tipo de comida se sirve? ¿Le gusta ese tipo de comida? ¿La ha comido antes?
2. **La comida tex-mex.** Investigue las características de la comida tex-mex. ¿Qué la caracteriza? ¿Cuáles son las influencias mexicanas?

____

____

____

Nombre: ______________________ Fecha: ______________________

Las relaciones humanas

PRIMERA PARTE

A leer

Vocabulario en contexto (p. 180)

07-01 Asociación. Complete las oraciones con una de las palabras de la lista. Consulte la imagen.

hermano/a	hijo/a	hijastro/a	madre
madrina	padre	padrastro	

1. Paula es la __________ de Roberto.
2. Osvaldo es el __________ de Sofía.
3. Roberto es el __________ de Paula y Sergio.
4. Sergio es el __________ de Sofía.
5. Sofía es la __________ de Paula.

07-02 Antes y después del matrimonio. Después de casarse con Luisa, Esteban ha cambiado mucho. Escriba la palabra opuesta

estricto	furioso	generoso	infeliz	permisivo

Antes de casarse	Después de casarse
1. controlador	__________
2. alegre	__________
3. egoísta	__________
4. tolerante	__________

Nombre: ______________________________ Fecha: ____________________

07-03 Una madre habla. Complete las oraciones con las palabras apropiadas según el contexto.

castigo	comportamiento	estricto	me pongo
celoso	disciplina	impulsivo	se porta

1. La ____________ es muy importante para mantener el orden en la clase.
2. Como mi hijo no ____________ bien en clase tiene problemas con el maestro.
3. Mi hijo es muy ____________. No puede estar tranquilo y sin moverse.
4. El maestro es bastante ____________ con los niños. Es necesario ser así para que los niños lo respeten y aprendan.
5. El maestro no cree en el ____________ físico, pero les dice a los niños que sus acciones tienen consecuencias.
6. Me alegro cuando el maestro me dice que mi hijo no tiene problemas de ____________ en la clase.
7. Pero más que nada, ____________ muy feliz cuando escucho a mi hijo decir que se divirtió en la escuela.

07-04 Crucigrama. Complete el crucigrama con la palabra que corresponde a cada definición.

Horizontales:

1. Hacer un acuerdo con otra persona: ____________
2. Sentimiento profundo entre dos personas que tienen una relación íntima: ____________
3. Un hombre que no es casado: ____________

Verticales:

4. Afecto y compañerismo entre amigos: ____________
5. Desconfianza en el amor de otra persona: ____________

2/4

1/5

3

Nombre: ______________________ Fecha: ______________

Lectura (p. 181)

07-05 Anticipación. Asocie las palabras con su significado.

1. _____ bienes	a. terminación
2. _____ complejo	b. cosas materiales
3. _____ cariño	c. llevar
4. _____ guiar	d. dos personas
5. _____ tiempo compartido	e. amistad
6. _____ pareja	f. estar juntos
7. _____ pérdida	g. difícil

07-06 Su experiencia con el tema. Responda a las siguientes preguntas. ¿Conoce usted a alguna pareja divorciada? Explique. Mencione un posible beneficio y una complicación del divorcio.

____

____

____

07-07 Los cambios que vienen. Lea el siguiente artículo y, luego, determine a quién(es) se aplican las afirmaciones.

El divorcio: una compleja opción para toda la familia

El deterioro de una relación matrimonial afecta no sólo a la pareja sino también a los otros miembros de la familia, especialmente a los hijos. La decisión de divorciarse puede ser muy complicada y difícil para una pareja. La pérdida de una relación estable, el cambio de casa y las posibles alteraciones económicas son algunos de los problemas que las parejas divorciadas encuentran y comparten con sus hijos.

Muchos expertos coinciden en que lo más importante en situaciones como esta no es la división de bienes sino los efectos del divorcio en los hijos. Si los padres ignoran sus propios miedos, conflictos e inseguridades y dan prioridad al bienestar (*well-being*) de sus hijos, el cambio de una familia con dos padres juntos a una de padres divorciados puede ser mucho más fácil para todos. Es importante que el futuro de los niños sea la razón que guíe cualquier decisión. El nivel de cordialidad y amistad que exista entre los padres influirá en la adaptación de los hijos a los cambios de residencia, escuela, amigos o tiempo compartido con ambos padres. Antes de comunicarles a los hijos la decisión que han tomado, es recomendable que los padres hagan lo siguiente:

- Expliquen la decisión en un lenguaje que los niños puedan entender.
- Den ejemplos que los niños comprendan.
- Ofrezcan información sobre los cambios que van a ocurrir.
- Enfaticen que el divorcio no es la culpa (*fault*) de los niños.
- Expliquen que el amor que los padres sienten por ellos no va a cambiar.
- Respondan a todas las preguntas de sus hijos.
- Díganles a sus hijos que es normal sentirse tristes o enfadados/as.
- Busquen ayuda profesional si la necesitan.

1. No entienden por qué es necesario el divorcio.
   a. los hijos b. los padres c. todos los miembros de la familia
2. Responden a las preguntas.
   a. los hijos b. los padres c. todos los miembros de la familia
3. Pasan por un proceso de adaptación.
   a. los hijos b. los padres c. todos los miembros de la familia
4. Pierden una relación estable con su pareja.
   a. los hijos b. los padres c. todos los miembros de la familia
5. No deben sentirse culpables de los problemas.
   a. los hijos b. los padres c. todos los miembros de la familia

07-08 Cambios y adaptaciones. Responda a las siguientes preguntas. En su opinión, ¿cuál es el aspecto más difícil de superar para los hijos de padres divorciados? ¿Por qué? ¿Conoce usted a alguien que superó esta dificultad? Explique brevemente.

____

____

____

____

07-09 Su opinión. Explique oralmente su opinión sobre la siguiente pregunta relacionada con el divorcio. Dé detalles.

- ¿Por qué piensa usted que el divorcio es más frecuente ahora que antes?

07-10 Se acabó. Escuche la conversación de Araceli y Enrique. Determine quién hace los comentarios: **Araceli, Enrique** o **nadie**.

1. Nuestra relación tiene que terminar. a. Araceli b. Enrique c. nadie
2. No podemos ser amigos. a. Araceli b. Enrique c. nadie
3. Te odio. a. Araceli b. Enrique c. nadie
4. No puedo estar con una persona como tú. a. Araceli b. Enrique c. nadie

Aclaración y expansión (p. 185)

07-11 La rutina de Ana Sofía. Escuche las siguientes oraciones y escriba los verbos reflexivos.

1. ______________
2. ______________
3. ______________
4. ______________
5. ______________
6. ______________
7. ______________

Nombre: ______________________________ Fecha: ______________

07-12 Ahora usted. Responda a las siguientes preguntas oralmente.

- ¿Cuál es su rutina diaria?
- ¿Cómo difiere su rutina diaria de su rutina durante los fines de semana?
- ¿Cuántas clases toma este semestre? ¿Cuál es su favorita? ¿Por qué?

07-13 ¿Es reflexivo? Determine si las siguientes oraciones tienen un verbo reflexivo **(sí** o **no)**.

1. Levanto la silla. ______________
2. Me levanto a las seis. ______________
3. Ana se ducha antes de ir a la universidad. ______________
4. Ana baña a su hermanita. ______________
5. Yo despierto a mi hija para ir a la escuela. ______________
6. Los estudiantes de la clase se despiertan temprano. ______________
7. El perro se acuesta tarde. ______________
8. La niña acuesta a su gatito en la cama. ______________

07-14 Reacciones. Complete las oraciones, indicando lo que las personas sienten en las siguientes circunstancias. Use el presente de los verbos.

1. Cuando Ana tiene un examen y estudia poco, ______________ (ponerse) nerviosa.
2. Cuando Ana y José estudian mucho pero sacan malas notas, ______________ (sentirse) frustrados.
3. Cuando mi hermana usa mis cosas sin pedir permiso, yo ______________ (molestarse).
4. Cuando estás cansado, ______________ (acostarse) temprano.
5. Cuando no hay electricidad en mi apartamento, mis compañeras de cuarto y yo ______________ (quejarse) de la compañía de electricidad.

07-15 El día de la boda. Use el presente de los verbos para completar la siguiente conversación entre los padres de la novia.

bañarse	hacerse	ponerse	sentirse

Sr. Álvarez: Bueno, todo está listo para la boda. ¿Cómo (1) ______________?

Sra. Álvarez: La verdad es que esta mañana estaba tranquila, pero ahora estoy muy nerviosa. Voy a (2) ______________ y, luego, voy a (3) ______________ el vestido. No tenemos mucho tiempo.

acostarse	despertarse	quedarse	sentarse

Sr. Álvarez: Tienes mucho tiempo. La ceremonia es en tres horas. Sé que dormiste poco anoche, ¿por qué no (4) ______________ un rato?

Sra. Álvarez: ¡Mi amor, cómo se te ocurre eso! No puedo (5) ______________ en un lugar por cinco minutos. Estoy muy nerviosa.

Sr. Álvarez: Bueno, por lo menos toma un té para calmarte los nervios.

Sra. Álvarez: Está bien. Cuando esté vestida (6) ________________ en el sofá por dos minutos y luego nos vamos.

Sr. Álvarez: Perfecto. Yo te preparo el té.

07-16 Mi compañero de cuarto y yo. Use algunos verbos de la caja para describir los problemas que usted tiene con su compañero/a de cuarto o con un miembro de su familia.

acostarse	ducharse	portarse
despertarse	levantarse	sentirse

____

____

____

07-17 Mi familia. Escoja la opción correcta para completar las siguientes oraciones.

1. Mis hermanos y yo (**a.** nos levantamos **b.** nos acostamos) todos los días a las siete de la mañana.
2. La primera que (**a.** se queda **b.** se ducha) es mi hermana Susana porque es la que entra a clase más temprano.
3. Yo solamente (**a.** me peino **b.** me seco) porque me ducho en la noche.
4. Mis hermanos (**a.** se ponen **b.** se afeitan) la barba todos los días.
5. Nosotros (**a.** nos hacemos **b.** nos vamos) todos juntos a la escuela.

07-18 Las mañanas de Irma. Escuche el relato sobre la rutina de Irma. Luego, complete las oraciones con lo que escucha.

1. Me despierto muy temprano. . . ____	**a.** me ducho.
2. Cuando regreso. . . ____	**b.** me como una fruta.
3. Después. . . ____	**c.** porque me gusta correr.
4. Luego. . . ____	**d.** me tomo un café.
5. Antes de irme,. . . ____	**e.** me maquillo.
6. En el camino,. . . ____	**f.** me visto.

07-19 En la mañana. Responda a las siguientes preguntas con oraciones completas.

1. ¿Prefiere despertarse tarde o temprano?

   ____

2. ¿Usted se ducha o se toma el café primero?

   ____

3. ¿Se lava el pelo todos los días?

   ____

4. ¿Se afeita (la barba o las piernas) todos los días?

   ____

Nombre: ______________________ Fecha: ______________

Ventanas al mundo hispano (p. 189)

Antes de ver

07-20 El mundo de nuestras relaciones. Seleccione los lugares que usted asocia con las siguientes personas.

1. Padres	**a.** mi casa	**b.** mi universidad	**c.** mi trabajo	**d.** mi barrio
2. Consejero/a académico/a	**a.** mi casa	**b.** mi universidad	**c.** mi trabajo	**d.** mi barrio
3. Compañero/a de clase	**a.** mi casa	**b.** mi universidad	**c.** mi trabajo	**d.** mi barrio
4. Hermano/a	**a.** mi casa	**b.** mi universidad	**c.** mi trabajo	**d.** mi barrio

07-21 Asociaciones. Asocie las expresiones con el significado más apropiado.

1. _____ entorno familiar	**a.** unión afectiva
2. _____ vínculo afectivo	**b.** tienen opiniones similares sobre aspectos importantes
3. _____ elegir	**c.** se compromete
4. _____ brindarán su apoyo	**d.** ambiente de la casa
5. _____ asume la responsabilidad	**e.** darán su ayuda
6. _____ comparten los mismos valores	**f.** seleccionar
7. _____ aconsejan	**g.** asesoran, sugieren

Mientras ve

07-22 Responsabilidades de los padrinos. Marque (√) las responsabilidades que se asocian con los padrinos, según la información que aparece en el video.

1. _____ Aconsejan a sus ahijados.

2. _____ Participan en los acontecimientos importantes de la vida de sus ahijados.

3. _____ Viven en la misma casa de los ahijados.

4. _____ Visitan a sus ahijados con frecuencia.

5. _____ Les dan trabajo a sus ahijados.

6. _____ Tienen que pagar por la educación universitaria de sus ahijados.

7. _____ Ayudan económicamente a sus ahijados, si pueden.

8. _____ Ocupan el lugar de los padres si estos faltan.

Después de ver

07-23 Un vínculo especial. Piense en un amigo/una amiga o en un miembro de su familia que cumple (*meets*) con las condiciones necesarias para ser un padrino o una madrina. Escríbale una carta explicándole por qué usted lo/la ha elegido y convénzalo/a de que acepte ser el padrino/la madrina de su hijo/a.

____

____

____

SEGUNDA PARTE

A leer

Vocabulario en contexto (p. 190)

07-24 Asociaciones. Asocie las siguientes expresiones con el significado más apropiado.

1. ______ alargar	**a.** dejar salir del hospital
2. ______ los altibajos	**b.** extender
3. ______ dar de alta	**c.** entrar
4. ______ ingresar	**d.** momentos buenos y malos
5. ______ llevar pegado	**e.** comer solamente lo indicado
6. ______ seguir una dieta	**f.** no separarse de algo

07-25 Mi mejor amiga y yo. Use las expresiones de la lista para completar las siguientes oraciones.

altibajos	fatigadas	inseparables
estable	frágil	pasillo

1. Mi mejor amiga y yo hacemos todo juntas. Somos ______________________.

2. Nuestra relación ha tenido ______________________, como todas las relaciones de amistad.

3. De niñas a veces no nos saludábamos en el ______________________ de la escuela o nos peleábamos, pero esas son cosas normales entre las niñas.

4. En esa época nuestra amistad era más ______________________. Teníamos algunos problemas.

5. Creo que ahora nuestra amistad es más ______________________ y fuerte que nunca.

07-26 Lo positivo y lo negativo. Indique si las siguientes palabras son positivas o negativas.

1. animado	**a.** positiva	**b.** negativa
2. inestable	**a.** positiva	**b.** negativa
3. infarto	**a.** positiva	**b.** negativa
4. recuperarse	**a.** positiva	**b.** negativa
5. romper	**a.** positiva	**b.** negativa

Lectura (p. 192)

07-27 Anticipación. Asocie las palabras con las expresiones apropiadas.

1. ______ ahora	**a.** profesión
2. ______ amistad	**b.** mandar
3. ______ carrera	**c.** en este momento
4. ______ compartir	**d.** un lugar para desarrollar las conexiones entre amigos, familiares, etc.
5. ______ enviar	**e.** prisa
6. ______ red social	**f.** repartir, dar
7. ______ rapidez	**g.** relación entre amigos

Nombre: ______________________ Fecha: ______________

07-28 Mi mejor amigo/a. Responda a las siguientes preguntas. ¿Cómo es su mejor amigo/a? ¿Confía usted (*Do you trust*) en su amigo/a? ¿Dónde lo/la conoció? ¿Cómo se mantiene en contacto con él o ella?

____

____

07-29 Comprensión. Lea el siguiente artículo y, luego, determine si las afirmaciones son **ciertas**, **falsas** o si la información **no se menciona** en el texto.

La amistad en la era digital

El ritmo y las presiones de la vida moderna dejan muy poco tiempo para socializar. Muchas personas ponen su carrera ante todo y al final se hacen ricos, pero no tienen amigos. Si el mundo se mueve con tanta rapidez, ¿por qué no aprovechar esa prisa de manera positiva? Aunque muchas personas creen todavía que las relaciones de cualquier tipo requieren tiempo, esto está cambiando. Las nuevas generaciones, con su habilidad cibernética, están dictando la moda en cuanto a las relaciones humanas. Por eso ahora existen varias formas innovadoras de conocerse y de hacer amigos.

Las redes sociales como Facebook, Twitter y MySpace permiten reencontrarse con amistades del pasado, reconectar con familiares o amigos de amigos, al igual que conocer a personas nuevas. En vez de enviar un correo electrónico o un mensaje de texto, estos sitios permiten escribir y leer comentarios en los muros (*walls*) de los amigos y chatear instantáneamente con varias personas al mismo tiempo. También se pueden ver fotos y videos de los amigos o de los amigos de amigos. Hacer amigos, reconectar con viejos amigos y mantener amistades a través de la tecnología es de extrema popularidad hoy en día. Sin embargo, tiene sus desventajas. Por ejemplo, hay que tener cuidado, sobre todo cuando uno comparte información confidencial.

1. El ritmo de vida moderno ha afectado la vida profesional y la vida privada. — **a.** cierto **b.** falso **c.** no se menciona
2. Muchas personas tienen éxito en sus carreras, pero no tienen el tiempo para sus amigos. — **a.** cierto **b.** falso **c.** no se menciona
3. En un estudio reciente se informó que las computadoras Mac tienen una duración más larga que las PC. — **a.** cierto **b.** falso **c.** no se menciona
4. Las computadoras han dificultado conocer a otras personas porque falta el contacto humano. — **a.** cierto **b.** falso **c.** no se menciona
5. Unos medios para conocer a otra persona son los sitios como match.com y las citas rápidas. — **a.** cierto **b.** falso **c.** no se menciona
6. Hoy en día es popular conocer, reconectar y hacer amigos cibernéticamente. — **a.** cierto **b.** falso **c.** no se menciona

07-30 La amistad mediada. Responda a las siguientes preguntas. ¿Usa usted las redes sociales como Facebook, Twitter y MySpace? ¿Qué diferencias hay entre ellas? ¿Piensa usted que usar las redes sociales es un buen método para mantener amistades? Explique.

____

____

____

07-31 Los peligros. Mencione tres desventajas de usar Facebook, Twitter o MySpace.

____

____

____

Aclaración y expansión (p. 195)

07-32 La convivencia. Escuche el relato sobre dos compañeros de apartamento y marque (√) las cosas que fueron difíciles para la persona que habla.

1. _____ la falta de privacidad
2. _____ el acceso al teléfono
3. _____ la limpieza del apartamento
4. _____ el volumen de la música
5. _____ el tiempo que su compañero pasa en el baño
6. _____ la frecuencia de las visitas de los amigos o la familia
7. _____ la imposibilidad de estudiar en el apartamento
8. _____ las diferencias de personalidad

07-33 Vivir juntos. Escuche el mensaje de la oficina de alojamiento de la universidad. Marque (√) las recomendaciones que escucha.

1. _____ Es recomendable que los compañeros de cuarto se conozcan.
2. _____ Es necesario que los padres de los compañeros de cuarto se conozcan.
3. _____ Deben ser mejores amigos.
4. _____ Lo mejor es comprar juntos lo que necesitan para el apartamento
5. _____ Es importante que establezcan reglas.

07-34 Araceli y Enrique. Escuche las siguientes oraciones y seleccione el verbo de la cláusula dependiente.

1. **a.** crea **b.** vuelva **c.** vaya
2. **a.** se encuentre **b.** se case **c.** se enamore
3. **a.** quiera **b.** sienta **c.** vea
4. **a.** tenga **b.** haga **c.** ponga
5. **a.** dude **b.** olvide **c.** vuelva
6. **a.** está **b.** es **c.** esté

07-35 José piensa en Ana. Escoja la opción adecuada para completar cada oración lógicamente.

1. Dudo que mi novia Ana. . . _____
2. Sé que ella. . . _____
3. No creo que sus amigas. . . _____
4. Es poco probable que su mamá. . . _____
5. Es obvio que yo. . . _____

a. estoy celoso.
b. hablen mal de mí.
c. me quiere mucho.
d. no le dé mis mensajes telefónicos.
e. salga con otros chicos.

07-36 Una amistad a larga distancia. Su mejor amigo se va a mudar de casa. Seleccione la forma correcta del verbo para saber qué va a pasar.

1. No creo que mi amigo ____________ muy lejos.
   a. se va b. se fue c. se vaya
2. Es poco probable que mi amigo ____________ aquí.
   a. se quede b. se quedó c. se queda
3. Es probable que nuestros amigos ____________ despedirse de él.
   a. quieran b. quieren c. quisieron
4. Quizás él no ____________ que mudarse.
   a. tuvo b. tener c. tenga
5. Estoy seguro de que mi amigo ____________ a llamarme por teléfono con frecuencia.
   a. va b. vaya c. fue
6. Es cierto que nosotros ____________.
   a. nos extrañemos b. nos extrañamos c. extrañarse

07-37 Para vivir lejos. Complete los consejos y las predicciones para un amigo/una amiga que nunca ha vivido en otra ciudad. Use el presente del indicativo o el presente del subjuntivo del verbo.

1. Es importante que tú ____________ (conseguir) una casa cerca del trabajo.
2. Es seguro que alguien en tu familia ____________ (ir) a ganar la lotería en esa ciudad.
3. Es una lástima que no ____________ (tener) mucho que hacer donde vives ahora; por eso, te recomiendo mudarte a una ciudad más grande.
4. Tal vez tú y tu familia ____________ (viajar) al extranjero.
5. Es probable que yo te ____________ (visitar) si te mudas a una ciudad grande.
6. Quizás nosotros ____________ (poder) visitar los famosos museos de la ciudad.

07-38 La primera carta. Complete la carta que usted le escribió a su amigo después de su graduación. Escriba la forma correcta del presente del indicativo o del subjuntivo de los verbos.

Querido amigo:

¿Qué tal? ¿Cómo estás? Yo, estoy regular. La universidad no es igual sin ti. Todos te extrañan mucho y te mandan muchos saludos. ¿Recuerdas que mi clase de cultura iba a visitar las ruinas mayas este semestre? Pues, no creo que mi clase (1) ____________ (poder) ir. Ahora hay problemas económicos y parece que el profesor no reunió el dinero suficiente para hacer el viaje. Estoy seguro/a de que mis amigos y yo (2) ____________ (poder) reunir los fondos para pagar el viaje, pero nuestro profesor duda que nosotros (3) ____________ (lograr) hacerlo en tan poco tiempo. Realmente es una lástima. Estábamos muy emocionados.

¿Y tú? ¿Ya te adaptaste al nuevo trabajo? ¿Has hecho amigos? Ojalá que tú (4) ______________ (ir) a fiestas para conocer a gente nueva. Dudo que tú (5) ______________ (quedarse) allí durante las próximas vacaciones. Tienes que venir a vernos. Escríbeme para saber cuándo vienes.

Saludos de tu amigo/a.

07-39 Las relaciones a larga distancia. Responda a la siguiente pregunta oralmente. Dé detalles.

- ¿Cree que usted va a mantener su amistad con sus amigos de la universidad después de graduarse? Explique.

07-40 Mala comunicación. Marcos y Enrique son compañeros de cuarto que tienen problemas de comunicación. Escriba oraciones usando el presente del indicativo o del subjuntivo, según el caso.

1. Ser cierto / mi compañero / no limpiar / la habitación

   ____

2. Ser imposible / sus amigos / quedarse / en nuestra habitación

   ____

3. Ser difícil / mi compañero y yo / tener / horarios compatibles

   ____

4. Ser verdad / mis padres / comprar / comida para los dos

   ____

5. Ser obvio / mi compañero y yo / no ser / amigos

   ____

07-41 La fiesta de graduación.

Primera fase. Usted y sus amigos van a organizar una fiesta de graduación para un amigo/una amiga. Use las expresiones a continuación para escribir cinco cosas que posiblemente van a ocurrir.

(No) es posible que	(No) es cierto que	(No) es verdad que
(No) es probable que	(No) es obvio que	(No) es difícil que

Modelo: *No es seguro que Carlos y su novia vengan.*

1. ____
2. ____
3. ____
4. ____
5. ____

Segunda fase. Use la expresión **ojalá que** para indicar tres cosas que usted espera que ocurran en la fiesta.

Modelo: *Ojalá que todos mis amigos se diviertan.*

1. ____
2. ____
3. ____

07-42 Consejos. Responda a las siguientes preguntas oralmente.

- ¿Qué dos costumbres causan conflicto entre compañeros de cuarto?
- ¿Qué les recomienda usted a los nuevos estudiantes que viven por primera vez con un compañero/una compañera de cuarto?
- ¿Cómo pueden evitar problemas?

Algo más (p. 199)

07-43 Mi familia y yo. Escuche la conversación de una estudiante que extraña a su familia después de llegar a la universidad. Seleccione las actividades que la familia hace para mantener buenas relaciones entre ellos.

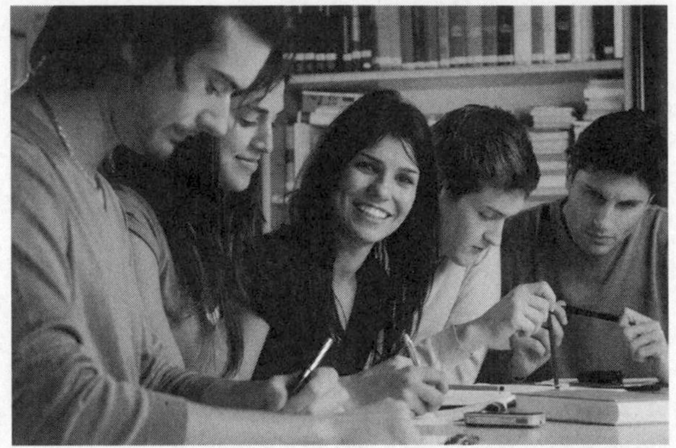

1. _____ ayudarse en lo que puedan
2. _____ no pelearse por cosas sin importancia
3. _____ llamarse todas las semanas
4. _____ felicitarse el día del cumpleaños
5. _____ no criticarse
6. _____ mandarse mensajes de texto
7. _____ darse consejos cuando los piden
8. _____ respetarse todo el tiempo
9. _____ contarse lo que hicieron durante la semana
10. _____ no gritarse por teléfono
11. _____ verse durante las vacaciones
12. _____ no mentirse

A escribir (p. 201)

Diferencias

07-44 La convivencia. Primera fase: Preparación. Entreviste a sus amigos para averiguar su opinión sobre los problemas que ocurren entre los compañeros de cuarto. Incluya las siguientes preguntas y tome apuntes:

- ¿Cuáles son las diferencias principales entre tu compañero/a de cuarto y tú?
- Menciona tres problemas que tú y tu compañero/a de cuarto han tenido.
- En tu opinión, ¿qué se puede hacer para evitar los problemas con los compañeros/las compañeras de cuarto?

____

____

____

Segunda fase: A escribir. Escriba un ensayo sobre la armonía estudiantil y los problemas que pueden pasar entre los compañeros de cuarto. Use la información que obtuvo de las entrevistas para exponer algunos de los problemas principales. Luego escriba lo que deben hacer los compañeros de cuarto para evitarlos.

____

____

____

____

____

____

Tercera fase: A editar. Lea de nuevo el texto que escribió y revise lo siguiente:

- **La estructura de su exposición:** la introducción, el cuerpo temático y la conclusión
- **La precisión en el uso de la lengua:** el uso correcto del vocabulario y de los tiempos (presente, pasado, futuro) y modos (presente del subjuntivo y presente del indicativo)
- **Las formalidades de la lengua:** la puntuación, la ortografía y la acentuación

A explorar (p. 202)

07-45 Relaciones sociales. Busque en Internet información sobre uno de los siguientes temas y escriba un resumen de los puntos principales.

1. **El romance cibernético.** Consulte algunos sitios como match.com donde la gente espera iniciar una relación romántica. ¿Cómo funciona el proceso de conocer a otras personas? ¿Son caros los servicios de match.com? ¿Tienen mucho éxito? ¿Qué tipos de personas usan estos servicios?
2. **Los servicios estudiantiles.** ¿Qué tipo de servicios estudiantiles ofrece su universidad en Internet para los estudiantes que tienen problemas psicológicos o discapacidades físicas? ¿A quién pueden pedirle ayuda? ¿Es gratuito el servicio? ¿Hay confidencialidad?

____

____

____

____

Nombre: ____________________ Fecha: ____________________

Cambios sociales y políticos

PRIMERA PARTE

A leer

Vocabulario en contexto (p. 208)

08-01 Categorización. Determine si los siguientes términos se refieren a realidades posititivas o negativas.

1. los derechos humanos	**a.** término positivo	**b.** término negativo
2. la libertad	**a.** término positivo	**b.** término negativo
3. el sufrimiento	**a.** término positivo	**b.** término negativo
4. el vasallo	**a.** término positivo	**b.** término negativo
5. la violación	**a.** término positivo	**b.** término negativo

08-02 Sopa de letras. Busque la palabra que corresponda a cada descripción.

m	á	d	c	q	o	c	a	j	h
n	o	i	w	t	u	e	p	h	u
k	l	s	x	r	i	s	a	y	m
b	v	c	p	r	e	d	v	p	i
m	c	r	e	s	p	e	t	o	l
a	x	i	w	q	ñ	x	r	p	l
l	w	m	ñ	y	x	p	r	s	a
t	q	i	a	t	a	l	w	k	c
r	a	n	z	g	o	o	e	l	i
a	t	a	x	á	l	t	ñ	p	ó
t	w	c	z	b	i	a	é	i	n
o	q	i	í	m	ñ	c	e	u	r
p	o	o	t	r	t	i	j	f	r
t	i	n	g	v	u	ó	h	g	e
r	y	e	p	s	s	n	o	i	v
e	s	c	l	a	v	i	t	u	d

1. _____ Es un sistema que priva a las personas de su libertad. Los africanos lo sufrieron por muchos siglos.
2. _____ Afecta negativamente el orgullo y la dignidad de las personas. Es un sentimiento muy desagradable.
3. _____ Es un valor positivo. Muestra la deferencia y consideración que sentimos hacia otras personas que admiramos.
4. _____ Es abusar física y/o psicológicamente de otras personas. Las mujeres y los niños son víctimas frecuentes.
5. _____ Implica un trato desigual basado en características físicas o psicológicas.
6. _____ Suele ocurrir en contextos laborales. Representa el abuso del trabajo de otras personas para obtener un beneficio.

08-03 Categorías. Determine si los siguientes términos se asocian con una posición de subyugación o de dominación.

1. el conquistador
   a. subyugación b. dominación
2. el esclavo
   a. subyugación b. dominación
3. el indígena
   a. subyugación b. dominación
4. el negrero
   a. subyugación b. dominación
5. el vasallo
   a. subyugación b. dominación

Lectura (p. 210)

08-04 Vocabulario del texto. Asocie los siguientes términos.

1. _____ cantidad — a. persona que vive cerca de donde usted vive
2. _____ Gran Bretaña — b. trabajo
3. _____ labor — c. mucho o poco
4. _____ lamentable — d. aún
5. _____ todavía — e. abundancia, exceso
6. _____ vecino — f. triste
7. _____ vida lujosa — g. Inglaterra

08-05 Reflexión. Exprese su opinión sobre los derechos humanos. ¿Piensa que hay derechos que no se respetan? ¿Cuáles? ¿Por qué?

____

____

Nombre: ______________________________ Fecha: ______________________

08-06 Examine el texto. Lea el artículo y, luego, conteste las preguntas.

La esclavitud en el presente

Todavía hoy en día existe la esclavitud en varias formas. Existe un mercado que se dedica a la compra y venta de niños y jóvenes a cambio de cantidades mínimas de dinero. Incluso hay grupos de crimen organizado que trafican con niños y los explotan sexual o laboralmente. Los padres de estos niños tienen, por lo general, pocos medios económicos y los envían a otros países para obtener un futuro mejor. Los grupos de crimen organizado les prometen a las familias que los niños van a mejorar su calidad de vida y recibir una educación privilegiada. Invariablemente, en cuanto llegan a su destino, estos jóvenes se convierten en víctimas, empiezan a trabajar y nunca asisten a la escuela. Muchos sufren abuso físico, mental o sexual.

Es lamentable que la práctica de la esclavitud continúe hoy en día a pesar de que las leyes abolieron el comercio humano hace ya más de un siglo: en 1807 en Gran Bretaña, en 1865 en Estados Unidos y en 1888 en Brasil. En varios países hispanoamericanos la abolición de la esclavitud coincidió con la lucha por la independencia.

1. ¿De qué tipo de explotación son víctimas estos niños?
a. sexual y/o laboral **b.** solamente laboral **c.** solamente sexual

2. ¿A qué clase socioeconómica típicamente pertenecen los padres de estos niños?
a. alta **b.** media **c.** baja

3. ¿Por qué en algunos casos los padres mandan a los niños al extranjero?
a. Los niños no se portan bien.
b. Quieren que sus hijos conozcan otros países.
c. Quieren que sus hijos tengan un futuro mejor.

4. ¿Qué les prometen los miembros de crimen organizado a los padres?
a. dinero **b.** educación **c.** fama

08-07 Después de leer. Escriba un ejemplo contemporáneo de esclavitud que usted conoce. Explique por qué piensa que esta forma de esclavitud existe hoy en día.

____

____

08-08 Reflexión. Responda a la siguiente pregunta. ¿Qué cambios piensa usted que tendrían que ocurrir en nuestra sociedad para eliminar el tráfico de niños y su explotación sexual y laboral? Escriba al menos dos ideas.

____

____

08-09 En su país. Responda a las siguientes preguntas oralmente sobre la esclavitud en su país.

- ¿Hay esclavitud en su país? ¿Qué tipo de esclavitud existe?
- ¿Qué tipo de trabajo realizan los esclavos en general? Mencione dos o tres ejemplos.
- ¿Por qué piensa usted que las personas caen víctimas de la esclavitud?

Nombre: ______________________________ Fecha: ______________

Aclaración y expansión (p. 212)

08-10 Expresiones contrarias. Escriba el opuesto de cada palabra.

nada	nadie	ni . . . ni
ninguno	nunca	tampoco

1. todo ____________________
2. alguien ____________________
3. o… o ____________________
4. alguno ____________________
5. siempre ____________________
6. también ____________________

08-11 Ayuda a los pobres. Escuche las siguientes preguntas y complete las respuestas con una palabra de la lista.

nada	nadie	ni . . . ni
ninguno(s)/ninguna(s)	nunca	tampoco

1. No, no fue ____________________.
2. El presidente no hizo ____________________.
3. No, ____________________ como con ellos.
4. No, no encontramos a ____________________ mujer hoy.
5. ____________________ llamé a la clínica ____________________ consulté con la enfermera. No tuve tiempo esta mañana.
6. A mí ____________________ me gusta rellenarlos.

08-12 Un evento para recaudar fondos. Escuche el relato sobre el albergue local y, luego, responda a las preguntas.

1. ¿Quién donó ropa al albergue? ____________________ donó ropa.
2. ¿Qué compró Juan José para donar al albergue? Compró ____________________ libros.
3. ¿Quién dijo que el evento había recaudado $1.000 dólares? ____________________ lo dijo.
4. ¿Qué dijeron sobre las quejas (*complaints*)? No hubo ____________________ queja.

Nombre: ______________________________ Fecha: ______________

08-13 El estándar de vida. Complete los espacios en blanco con las palabras de la lista.

algo	algunos	ningún
alguien	nadie	ninguna
algunas	ni	tampoco

No hay (1) ______________ que pueda negar las diferencias en el estándar de vida entre las personas. Es abominable, por ejemplo, que mientras (2) ______________ personas disfrutan de todas las comodidades e incluso de (3) ______________ lujos, otras no tengan (4) ______________ vivienda permanente. Para quienes no tienen donde vivir la falta de alojamiento es (5) ______________ que experimentan frecuentemente a menos que busquen a (6) ______________ que les pueda ayudar.

08-14 Todo lo opuesto. Escriba el opuesto de cada oración.

Modelo: La comunidad siempre ayuda a los ciudadanos necesitados.
La comunidad *nunca* ayuda a los ciudadanos necesitados.

1. Todo se logra sin esfuerzo.

   ______________ se logra sin esfuerzo.
2. Los trabajadores sociales nunca solucionan los problemas de las familias pobres.

   Los trabajadores sociales ______________ solucionan los problemas de las familias pobres.
3. Tampoco tenemos fondos del estado para ampliar el centro de auxilio.

   ______________ tenemos fondos del estado para ampliar el centro de auxilio.
4. Vimos a alguien caminando por la calle con todas sus pertenencias.

   No vimos a ______________ caminando por la calle con todas sus pertenencias personales.
5. La policía nunca ayuda a las víctimas de maltrato.

   La policía ______________ ayuda a las víctimas de maltrato.
6. La pobreza se soluciona si todos colaboran.

   La pobreza no se soluciona si ______________ colabora.

08-15 ¿Con qué frecuencia? Escriba oraciones usando el presente de los verbos. Haga todos los cambios necesarios.

1. Mi mamá / donar ropa / siempre

   ____
2. Yo / servir comida a los pobres / una vez por semana

   ____

3. Mis amigos / contribuir a una buena causa / nunca

____

4. Mi familia y yo / invitar gente a comer a casa / a veces

____

08-16 Lo que queda por hacer. Seleccione la forma correcta para completar las oraciones.

1. En mi ciudad ____________ (siempre / nada) se dona ropa para ayudar a los pobres.
2. ____________ (Nunca / Algunos) restaurantes recaudan fondos para hacer donaciones.
3. Las multinacionales casi ____________ (algo / nunca) hacen donaciones a los pobres.
4. Para mejorar los resultados de la tarea humanitaria de ayudar a los pobres ____________ (todos / todo) tenemos que estar involucrados.
5. ____________ (Ningún / Nadie) ciudadano puede decir que no tiene tiempo para ayudar a los demás.

08-17 ¿Y las mujeres? Describa algunos de los cambios sociales que han afectado a las mujeres en los últimos 50 años. Use expresiones afirmativas.

Derechos civiles: ______________________

____

Estructura familiar: ______________________

____

El gobierno: ______________________

____

La fuerza laboral: ______________________

____

08-18 Códigos de vestimenta. Lea la siguiente información y, luego, responda a las preguntas oralmente. Use expresiones afirmativas y negativas en su respuesta.

Algunas escuelas y compañías tienen reglas para controlar la ropa que pueden (y no pueden) llevar los estudiantes o empleados.

- ¿Se justifica este control sobre la vestimenta, o debería ser una decisión personal?
- ¿Qué derechos tienen los estudiantes y los empleados con respecto a la ropa que llevan en la escuela o en el trabajo?
- ¿Qué derechos tienen las escuelas y las compañías con respecto a la vestimenta de los estudiantes y los trabajadores?

Nombre: ______________________ Fecha: ______________

Ventanas al mundo hispano (p. 216)

08-19 Asociación. Relacione el vocabulario con el significado más apropiado.

1. _____ acontecimiento	**a.** mejora
2. _____ desafío	**b.** hecho, evento
3. _____ enriquece	**c.** reto
4. _____ posición	**d.** puesto
5. _____ se convierte	**e.** donde conviven personas de distinto origen cultural
6. _____ sociedades pluriétnicas	**f.** se transforma

08-20 ¿Qué opina usted? ¿Está de acuerdo con una ley que prohíba que un extranjero llegue a ser presidente del país donde vive? ¿Por qué?

____

____

____

Mientras ve

08-21 Hechos del mundo hispano. Vea el video y, luego, determine si las afirmaciones son **ciertas (C)**, **falsas (F)** o si la información **no se menciona (N)** en el video.

1. _____ Hasta este momento, ningún país hispano ha sufrido un ataque terrorista.

2. _____ Ningún indígena ha sido elegido presidente en América Latina.

3. _____ Michelle Bachelet es la primera mujer que logró la presidencia en Chile.

4. _____ Tanto México como España son países donde se habla solamente español.

5. _____ Recientemente muchos artistas hispanos están colaborando en algunos proyectos.

6. _____ La presencia de personas de distinto origen étnico es un enriquecimiento y un desafío para muchas sociedades.

Después de ver

08-22 Predicciones. Elija un cambio probable o improbable en el mundo hispano y un cambio probable o improbable en Estados Unidos. ¿Por qué cree usted que cada cambio ocurrirá o no? Justifique su opinión.

1. En el mundo hispano

Cambio probable: ______________________________

____

Cambio improbable: ____________________________

____

2. En Estados Unidos

Cambio probable: ______________________________

____

Cambio improbable: ____________________________

____

Nombre: ______________________ Fecha: ______________

SEGUNDA PARTE

A leer

Vocabulario en contexto (p. 217)

08-23 Asociación. Seleccione la opción que mejor se asocia con cada palabra.

1. conjunto: **a.** potencia **b.** unión **c.** riqueza
2. crecimiento: **a.** aumento **b.** decadencia **c.** inversión
3. mejoras: **a.** niveles **b.** desarrollos **c.** yacimientos
4. población: **a.** yacimiento **b.** petróleo **c.** habitantes
5. potencia: **a.** fuerza **b.** desafío **c.** recuperación
6. recursos: **a.** derechos **b.** leyes **c.** medios

08-24 La economía actual. Complete las oraciones con la mejor opción según el contexto.

1. _____ La apertura...
2. _____ Los inversores...
3. _____ El nivel de vida...
4. _____ El país emergente...
5. _____ La recuperación...
6. _____ La riqueza...
7. _____ Los yacimientos...

a. es un país que crece o aumenta su producción rápidamente.
b. determina la calidad de vida en un determinado lugar.
c. de minerales y de petróleo en América Latina son abundantes.
d. de un país se mide por sus recursos y su nivel económico.
e. de los mercados internacionales a través de la exportación ha beneficiado la economía de México.
f. son las personas u organizaciones que invierten en un país.
g. económica comienza cuando el país empieza a producir más y vender más.

08-25 Alternativas. Seleccione la opción que mejor se asocia con cada palabra.

1. drogas: **a.** poderes **b.** comercios **c.** narcóticos
2. lucha: **a.** recurso **b.** pelea **c.** sustancia química
3. narcotráfico: **a.** contrabando **b.** conflicto **c.** desarrollo
4. negocio: **a.** política **b.** independencia **c.** comercio
5. democracia: **a.** conflicto **b.** gobierno **c.** dictadura

08-26 Crucigrama. Lea el párrafo y escriba la palabra que mejor corresponda para completar el cucigrama.

Según la Organización de Naciones Unidas, aproximadamente 50 millones de personas consumen regularmente (1 horizontal) ______________ como la heroína, la cocaína y las sustancias sintéticas. Esta demanda ha creado un (2 horizontal) ______________ a nivel global que maneja billones de dólares todos los años. El (3) ______________ satisface la demanda de los países desarrollados mientras que la producción se relaciona principalmente con los países en vías de (4) ______________. Para el drogadicto su adicción representa una difícil (5) ______________ en centros de rehabilitación, pero para el campesino pobre el cultivo de drogas representa un medio de ingreso (*income*) que le permite vivir.

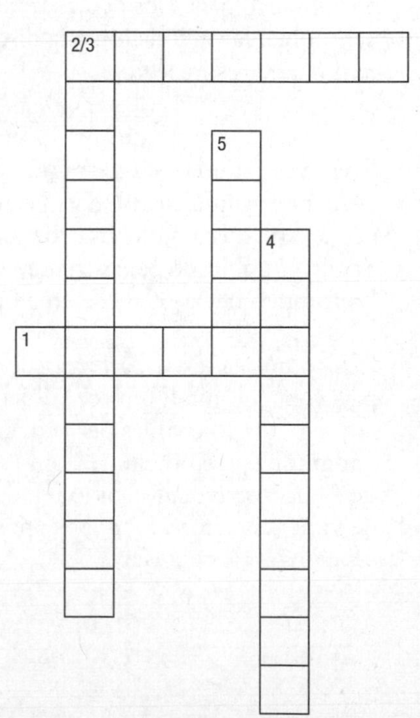

Nombre: ______________________________ Fecha: ______________

Lectura (p. 218)

08-27 Asociación. Relacione los términos con el significado más apropiado.

1. _____ a salvo	**a.** personas que compran un producto
2. _____ clientela	**b.** persona que se ve obligada a salir de su país
3. _____ extranjero/a	**c.** persona de otro país
4. _____ pasar desapercibido/a	**d.** fuera de peligro
5. _____ refugiado/a	**e.** moverse
6. _____ solicitar	**f.** odio a los extranjeros
7. _____ xenofobia	**g.** no ser visto
8. _____ trasladarse	**h.** pedir

08-28 Los refugiados. En su opinión, ¿por qué salen de sus países los refugiados? Dé por lo menos dos razones. ¿A qué países van para vivir? ¿Por qué?

____

____

____

____

08-29 Examine el texto. Lea el siguiente artículo y, luego, determine si las afirmaciones son **ciertas, falsas** o si la información **no se menciona** en el texto.

Los refugiados colombianos en Ecuador

Se estima que aproximadamente 400.000 refugiados colombianos viven ahora en Ecuador. Sólo algunos de ellos han sido reconocidos oficialmente por Ecuador como refugiados, con derecho a vivir y trabajar en su nuevo país. Los demás tienen que sobrevivir de alguna manera, siendo muchas veces víctimas de la xenofobia, la explotación y la discriminación. Muchos tienen miedo de regresar a Colombia pero su futuro en Ecuador es incierto.

La violencia que existe en Colombia desde hace mucho tiempo motiva a muchos colombianos a optar por dejar a su familia y su tierra y establecerse en un lugar donde pueden evitar los conflictos de su país natal. A las personas que abandonan sus hogares para trasladarse a otro país se les llama *desplazados internos.* Aunque van a varios países en busca de una nueva vida, se estima que la mayoría cruza la frontera para ir a Ecuador. Según el gobierno ecuatoriano, 475 colombianos solicitaron el estatus de refugiados en 2000. En 2003, fueron más de 11.000 y se cree que el número será mayor con el tiempo.

Los colombianos se han incorporado a la sociedad ecuatoriana, sobre todo en los pueblos del norte del país y en la capital, Quito. Sólo alrededor de 30% de aquellos que solicitaron el estatus de refugiado lo han conseguido, lo cual les permite vivir y trabajar legalmente o solicitar su reubicación en un tercer país. Los emigrantes que no han recibido el estatus de refugiado o quienes simplemente no lo han pedido se quedan en Ecuador viviendo como pueden. Muchos refugiados colombianos están, por lo general, a salvo de la clase de violencia que sufrían en su país, pero mientras esta violencia continúe en Colombia, la mayoría no tiene esperanzas de regresar.

1. Muchos ecuatorianos tratan a los colombianos refugiados con hostilidad. a. cierto b. falso c. no se menciona
2. Hay aproximadamente 30.000 colombianos en Ecuador. a. cierto b. falso c. no se menciona
3. Un gran porcentaje de los colombianos tienen ahora el estatus de refugiado. a. cierto b. falso c. no se menciona
4. Muchos colombianos emigran de su país para traficar drogas. a. cierto b. falso c. no se menciona
5. Muchos de los colombianos refugiados trabajan en la exportación de flores en Colombia. a. cierto b. falso c. no se menciona
6. Los colombianos van a Ecuador porque la comida ecuatoriana es semejante a la colombiana. a. cierto b. falso c. no se menciona
7. Muchos colombianos prefieren establecerse en el norte o en la capital de Ecuador. a. cierto b. falso c. no se menciona
8. El número de colombianos en Ecuador sigue creciendo. a. cierto b. falso c. no se menciona

08-30 En el lugar del otro. Póngase en el lugar de un refugiado/una refugiada de Colombia y describa las cosas que quiere que ocurran en su país natal para evitar el éxodo de personas. Use el subjuntivo.

____

____

____

____

08-31 Descripción. Describa la situación de los indocumentados en Estados Unidos. ¿Hay muchos? ¿Cuáles son algunos de los problemas y preocupaciones de los documentados? ¿Hay alguna organización que los ayude?

____

____

____

08-32 Un anuncio. Cree un anuncio de radio para los refugiados hispanos que viven en su ciudad o estado. Incluya lo siguiente en su respuesta oralmente:

- ofrézcales una bienvenida a su país
- sugiérales algunas organizaciones y otros recursos
- déles consejos para la adaptación cultural y lingüística

Aclaración y expansión (p. 221)

08-33 Decisiones. Escuche las reflexiones de las siguientes personas sobre la emigración y complete las oraciones.

1. Hay muchos jóvenes que ______________ con gusto para defender su país.
2. Pero, no hay nadie que ______________ luchar en una guerra menos que yo…
3. …todos queremos un trabajo que nos ______________ seguridad económica, sin importar dónde.
4. Necesito conseguir un trabajo que me ______________ vivir bien.
5. Hay gente que ______________ adaptarse a las condiciones de política adversa,…

08-34 ¿Qué buscan los refugiados? Seleccione la forma correcta de los verbos que escuche en las oraciones.

1. Los refugiados políticos buscan la libertad que no ______________ (existe / exista) en su país natal.
2. Quieren ser parte de una comunidad que ______________ (valora / valore) su participación.
3. Prefieren vivir en comunidades que no los ______________ (rechazan / rechacen).
4. Esperan vivir en un país que ______________ (tiene / tenga) las oportunidades que ellos imaginan.
5. Tienen la esperanza de encontrarse con gente que los ______________ (acepta / acepte).
6. Les gustaría estar en un país que ______________ (protege / proteja) sus derechos.

08-35 La emoción del traslado. Complete las oraciones con la palabra adecuada según las oraciones que escuche.

1. Algunos inmigrantes superan el temor de viajar que ______________ por los beneficios que pueden obtener en otro lugar.
   a. sientan **b.** siente **c.** sienten
2. Con frecuencia, los inmigrantes abandonan su país natal y sienten la nostalgia que los ______________ volver con regularidad a sus países de origen.
   a. hace **b.** haga **c.** hacen
3. Muchas personas no salen de su país porque tienen lazos que ______________ difíciles de romper.
   a. sean **b.** son **c.** sea
4. Al trasladarse a un nuevo mundo, los inmigrantes tienen la esperanza de hallar una vida que les ______________ las oportunidades que buscan.
   a. dé **b.** da **c.** dan

08-36 Una inmigrante. Seleccione la forma correcta de los verbos para completar la siguiente carta.

Querida mamá,

Perdona que no te haya escrito antes. He estado muy ocupada con mi trabajo. Tengo mucho que contarte. ¿Recuerdas que antes de llegar a Estados Unidos yo te decía: "…para sentirme tranquila, necesito encontrar un parque seguro donde los niños (1) ______________ (pueden / puedan) jugar; ojalá que pueda conseguir un trabajo con un salario que (2) ______________ (es / sea) decente…"? Pues ahora

60 USA

Sra. Teresa Silva de Granados
504 Edificio Los Pinos
Panamá 3, Rep. de Panamá

que vivo aquí he aprendido muchas cosas. Hay personas que (3) ________________ (son / sean) muy amables. Me alegra tanto haber conocido a unas vecinas que (4) ________________ (saben / sepan) hablar inglés. Estoy tan contenta de haber encontrado un trabajo con un salario que (5) ________________ (incluye / incluya) beneficios médicos para toda la familia. Prometo escribirte con más regularidad, mamá.

Muchos abrazos de tu hija,

Sandra

08-37 Una nueva vida. Complete las oraciones con el presente del subjuntivo o del indicativo.

1. Los inmigrantes salen de sus países porque buscan un lugar que les ________________ (dar) más oportunidades.
2. En cuanto llegan al nuevo país necesitan ponerse en contacto con alguien que ________________ (estar) familiarizado con los obstáculos que ellos afrontan en ese momento.
3. A menudo, no consiguen trabajo que les ________________ (pagar) un salario suficiente para cubrir sus gastos.
4. Normalmente no hay clases de inglés que ________________ (coincidir) con sus horarios de trabajo.
5. Todos quieren oportunidades que les ________________ (permitir) mejorar sus circunstancias económicas.
6. Existen muchas agencias que ________________ (dedicarse) a ayudar a los recién llegados.

08-38 La asistencia. Complete las oraciones con el presente del subjuntivo o del indicativo.

Para un inmigrante puede ser muy frustrante no poder comunicarse con las personas que (1) ________________ (tener) a su alrededor. Por eso, frecuentemente busca unas clases que le (2) ________________ (enseñar) el idioma del lugar. Si uno aprende la lengua que (3) ________________ (hablar) la gente del país, le va a permitir socializar con otros y encontrar un trabajo que (4) ________________ (ser) adecuado para su preparación. Su dominio de la lengua también le va a facilitar un trabajo que le (5) ________________ (permitir) alquilar una vivienda apropiada para sí mismo y su familia. Si es necesario, el inmigrante puede ir a las agencias estatales o federales que (6) ________________ (ofrecer) la ayuda necesaria para llevar a cabo sus metas.

08-39 El Dream Act. Complete el párrafo con el presente del subjuntivo o del indicativo.

En los Estados Unidos cada año hay 65.000 estudiantes que (1) ________________ (ser) indocumentados entre los tres millones que se gradúan de las escuelas secundarias. La mayoría de estos estudiantes llegaron a EE.UU. antes de los dieciséis años. No hay nada que le (2) ________________ (causar) más ansiedad a un estudiante que la inseguridad. El Acta del Sueño es un proyecto legislativo que se (3) ________________ (debatir) en el congreso de Estados Unidos. La ley busca estudiantes indocumentados que (4) ________________ (tener) buena conducta sin antecedentes criminales. Esta ley entrega visas que (5) ________________ (ser) de tipo temporal, y luego, de residente permanente. El objetivo de la ley es cambiar el estatus de los estudiantes indocumentados a residentes legales. Una ley similar se aprobó a nivel estatal en California en Octubre de 2011.

Nombre: ______________________________ Fecha: ______________

08-40 Un lugar lejano. Usted acaba de llegar a un país hispano donde va a vivir indefinidamente. Responda a las siguientes preguntas oralmente. Use el subjuntivo o el indicativo según el contexto.

- ¿Qué va a hacer primero?
- ¿Con quién va a ponerse en contacto?
- ¿Qué va a hacer después? ¿Va a buscar trabajo? ¿Qué tipo de trabajo?

Algo más (p. 224)

08-41 Más sobre los refugiados. Complete las oraciones que siguen con el pronombre relativo correcto: **que, quien(es)** o **lo que.**

1. Para los refugiados políticos ______________ vienen de Cuba es fácil adaptarse en Miami porque hay una comunidad cubana grande.
2. Esta es la organización ______________ ayuda a los recién llegados al país.
3. El oficial a ______________ le dimos los documentos va a entrevistarlos.
4. ______________ más les interesa a los refugiados es tener la posibilidad de vivir en paz y con libertad.
5. No sé dónde está el documento ______________ tengo que rellenar.
6. Los estadounidenses son personas a ______________ les preocupa el bienestar de la gente oprimida.

A escribir (p. 226)

8-42 En su comunidad. Primera fase: Preparación. Investigue en Internet o en el periódico de su ciudad sobre la violencia en su comunidad. ¿Ha aumentado o disminuido en los últimos años? ¿Qué tipos de violencia hay? Tome nota de la información que obtuvo.

____

____

____

____

Segunda fase: A escribir. Escríbale una carta al alcalde de su ciudad o pueblo. Explique su preocupación por la violencia en su comunidad y use la información que obtuvo en la *Primera fase* para dar ejemplos de lo que ha ocurrido recientemente. Proponga una solución para disminuir la violencia y priorizar la paz y la justicia social.

____

____

____

____

____

Nombre: ______________________ Fecha: ______________

Tercera fase: A editar. Lea de nuevo el texto que escribió y revise lo siguiente:

- **La estructura de su exposición:** la introducción, el cuerpo temático y la conclusión
- **La precisión en el uso de la lengua:** el uso correcto del vocabulario y de las conjugaciones (presente del subjuntivo y presente del indicativo)
- **Las formalidades de la lengua:** la puntuación y la ortografía

A explorar (p. 229)

08-43 Investigación. Busque en Internet información sobre uno de los siguientes temas y escriba un resumen de al menos seis a ocho oraciones exponiendo los siguientes puntos principales.

1. **El 11 de septiembre de 2001.** ¿Qué cambios ocurrieron después del ataque del 11 de septiembre? ¿Qué servicios se vieron más afectados? ¿Qué efecto tuvo el ataque en la gente? ¿Cree que la xenofobia que se produjo como consecuencia del ataque afectó a todos los inmigrantes de la misma manera? ¿Cree que la xenofobia va a desaparecer en el futuro?
2. **Las fronteras.** En algunos países como Estados Unidos se les están cerrando las fronteras a los inmigrantes. En su opinión, ¿es una solución eficaz que les cerremos las fronteras a los inmigrantes? ¿Por qué? ¿Se les debe permitir la entrada a algunos inmigrantes y prohibirles la entrada a otros? ¿Por qué?

____

____

____

____

Nombre: ______________________ Fecha: ______________

Nuestro entorno físico

PRIMERA PARTE

A leer

Vocabulario en contexto (p. 234)

09-01 Algunas preocupaciones. Complete las oraciones con la expresión adecuada según el contexto.

1. En las grandes ciudades de hoy en día la __________ es un problema que les preocupa a los ecologistas.
   a. contaminación **b.** inundación **c.** amenaza
2. En zonas donde llueve mucho hay peligro de __________.
   a. fábricas **b.** emisiones **c.** inundaciones
3. Los volcanes __________ gases, humo y fuego que destruyen la flora y la fauna.
   a. dan **b.** congelan **c.** despiden
4. El __________ de Atacama es el más árido del mundo; sus tormentas eléctricas pueden ser peligrosas.
   a. desierto **b.** ozono **c.** gas
5. El cambio climático __________ a los animales de la Amazonía que están en peligro de extinción.
   a. derrite **b.** sumerge **c.** amenaza
6. Actualmente nuestro país está usando la __________ para producir electricidad.
   a. contención del mar **b.** energía eólica **c.** inundación

09-02 El clima y la altura. Seleccione la palabra que mejor describe el clima de las siguientes zonas.

1. la Amazonía **a.** helado **b.** seco **c.** húmedo
2. Europa mediterránea **a.** árido **b.** variado **c.** helado
3. el Sahara **a.** lluvioso **b.** húmedo **c.** árido
4. la Antártida **a.** helado **b.** caluroso **c.** húmedo
5. la cordillera de los Andes **a.** caluroso **b.** seco **c.** frío

Nombre: ______________________________ Fecha: ____________________

09-03 El clima en Guatemala. Complete el párrafo para completar el crucigrama.

El clima de Guatemala es muy (1 vertical) ________________________ con tres distintas regiones donde las temperaturas dependen directamente de la altura de la zona. En la zona del sur, por ejemplo, donde se encuentra la Sierra Madre, es (2 horizontal) ________________________ y muy lluvioso de mayo a septiembre. Por las noches hace mucho frío con temperaturas (3 horizontal) ________________________. El extremo norte del país es una región de selvas tropicales; por eso hace calor y llueve constantemente. Aquí la gente se acostumbra a los días muy (4 horizontal) ________________________. En las costas, el clima es (5 vertical) ________________________, con temperaturas entre los 20° y los 37° centígrados.

09-04 ¿Y en su país? Seleccione la palabra que describe el clima de las siguientes regiones de Estados Unidos.

1. Minnesota en invierno
   a. helado **b.** caluroso **c.** húmedo
2. Florida en verano
   a. caluroso **b.** helado **c.** árido
3. Washington en primavera
   a. seco **b.** lluvioso **c.** caluroso
4. Iowa en verano
   a. frío **b.** seco **c.** helado
5. Arizona en verano
   a. húmedo **b.** helado **c.** caluroso

Lectura (p. 236)

09-05 Anticipación. Asocie las palabras.

1. _____ cosecha	**a.** onda
2. _____ incendio	**b.** océano
3. _____ mar	**c.** daño
4. _____ ola	**d.** fuego
5. _____ pérdida	**e.** cultivo
6. _____ bosque	**f.** árboles

09-06 A reflexionar. Responda a la siguiente pregunta: ¿Qué sabe sobre el fenómeno de El Niño? Descríbalo con detalle. Si es necesario busque información en Internet.

____

____

Nombre: ______________________ Fecha: ______________

09-07 Examine el texto. Lea el artículo y, luego, determine si las afirmaciones son **ciertas, falsas** o si la información **no se menciona** en el texto.

La temperatura del mar

Las variaciones climáticas pueden afectar la vida de los habitantes de un lugar de diferentes maneras. A veces los cambios de clima provocan efectos mínimos, pero en otras ocasiones son tan intensos que tienen consecuencias catastróficas. El vínculo (*link*) que tenemos con nuestro sistema ecológico es más fuerte de lo que creemos. Los fríos extremos del invierno, las pérdidas de cosechas causadas por las sequías, las inundaciones inesperadas, las olas de calor o los incendios forestales son todos ejemplos de los efectos del clima en nuestra vida.

Los últimos cambios climáticos más fuertes se han asociado con la Corriente de El Niño. Este fenómeno, que ha recibido su nombre por su asociación con la Navidad y la llegada del Niño Jesús, afecta las costas del oeste de Sudamérica. Unos científicos peruanos fueron los primeros en notar que las aguas del Océano Pacífico se calentaban en intervalos y provocaban una serie de inundaciones catastróficas en zonas áridas de la costa. Los científicos también se dieron cuenta de que las anomalías en las temperaturas duraban un año o más. La elevación en la temperatura de las aguas del océano produce grandes cambios atmosféricos y provoca intensas lluvias, inundaciones y erosión de tierra que afectan las vías de transporte y la agricultura. Además, se asocian con El Niño las sequías en Indonesia, Australia, el noreste de Sudamérica e incluso en Norte América. También ocurre un fenómeno contrario a El Niño llamado La Niña que consiste en periodos extremos de frío en el Pacífico. Los efectos de La Niña son semejantes o, incluso peores, a los de El Niño.

1. El clima afecta nuestras vidas de distintas maneras. **a.** cierto **b.** falso **c.** no se menciona
2. El clima ha causado grandes catástrofes en los últimos años. **a.** cierto **b.** falso **c.** no se menciona
3. La Corriente de La Niña causó gran destrucción en el Caribe en la década de los 90. **a.** cierto **b.** falso **c.** no se menciona
4. La Corriente de El Niño es un fenómeno climático que se asocia con grandes cambios de temperatura. **a.** cierto **b.** falso **c.** no se menciona
5. La Corriente de El Niño provoca que baje la temperatura del agua del Pacífico durante el mes de diciembre. **a.** cierto **b.** falso **c.** no se menciona
6. Hay un fenómeno que enfría las aguas del Pacífico y tiene consecuencias peores que las de El Niño. **a.** cierto **b.** falso **c.** no se menciona

09-08 Algunas precauciones. Mencione tres precauciones que usted y su familia pueden observar en caso de un desastre natural.

1. ______________________________
2. ______________________________
3. ______________________________

09-09 Fue increíble. Responda a las siguientes preguntas oralmente. Piense en un fenómeno climático que usted conozca o haya visto durante su vida.

- ¿Qué tipo de fenómeno climático vio?
- ¿Dónde ocurrió?
- ¿Cuáles fueron sus características?
- ¿Cuáles fueron los efectos de este fenómeno en el lugar y la gente?

Nombre: ______________________________ Fecha: ____________________

09-10 El pronóstico de hoy. Escuche el siguiente noticiero. Marque la información que oye.

1. _____ Será un día lluvioso.
2. _____ En la tarde hay posibilidad de tornado.
3. _____ Habrá vientos fuertes.
4. _____ Hay posibilidades de inundación.
5. _____ Mañana las condiciones no serán favorables.

Aclaración y expansión (p. 238)

09-11 Iniciativas para cuidar el medioambiente. Escuche la conversación entre dos ciudadanos responsables. Marque las iniciativas que se mencionan.

1. _____ Clasificaré los desperdicios orgánicos y los inorgánicos.
2. _____ No encenderé el aire acondicionado en el verano.
3. _____ Usaré el transporte público.
4. _____ Llevaré bolsas de tela al supermercado.
5. _____ No cortaré los árboles de mi jardín.
6. _____ Reciclaré los papeles, las cajas de cartón y los envases reciclables.

09-12 Ahora usted. Mencione tres cosas que usted hace para cuidar el medioambiente. Después escriba tres medidas que usted adoptará en el futuro.

Ahora:

1. ______________________________
2. ______________________________
3. ______________________________

En el futuro:

1. ______________________________
2. ______________________________
3. ______________________________

09-13 El clima y la salud del planeta. Escriba la forma correcta del futuro para completar las siguientes oraciones.

1. Los cambios climáticos ____________ (afectaré / afectará / afectarán) el medioambiente.
2. Todo el mundo ____________ (sentiré / sentirá / sentirán) los cambios poco a poco.
3. El medioambiente ____________ (dejará / dejarás / dejarán) de ser lo que fue.
4. Muchas personas ____________ (ver / verá / verán) que los programas de grupos como Greenpeace se ____________ (hará / harás / harán) realidad.
5. Algunas naciones ____________ (tendrá / tendrán / tendremos) que implementar políticas duras para reducir emisiones tóxicas en el medioambiente.

Nombre: ______________________________ Fecha: ______________________

6. El Acuerdo de Kyoto se ______________ (revisará / revisarán / revisaré) y lo ______________ (aprobarás / aprobarán / aprobará) casi todos los países industrializados.
7. También ______________ (seré / serás / será) fundamental proteger el medioambiente porque así ______________ (sobrevivirán / sobrevivirás / sobreviviremos) los animales y las plantas de los cuales dependemos.
8. Es obvio que poco a poco a todos nosotros nos ______________ (interesará / interesaremos / interesarán) más la flora y la fauna del planeta.

09-14 Un folleto informativo. Complete las oraciones con el futuro de los verbos.

Para estar seguros de que la biodiversidad de las Américas va a ser protegida, la Organización de Estados Americanos ha creado la Red Interamericana de Información sobre la Biodiversidad. Este proyecto (1) ______________ (ser) un foro de cooperación técnica y científica en Internet que (2) ______________ (buscar) la promoción de una mayor coordinación entre los países del hemisferio occidental en materia de recolección, intercambio y uso de información sobre la biodiversidad.

Esta red se (3) ______________ (implementar) al nivel regional de la siguiente manera:

- La red (4) ______________ (tener) información sobre la biodiversidad para la comunidad de cada región.
- Los expertos (5) ______________ (coordinar) los estándares, protocolos, herramientas (*tools*) y metodologías para integrar información en la red.
- Los empleados (6) ______________ (poner) en funcionamiento las herramientas para la búsqueda automática de datos sobre la biodiversidad.
- Otras instituciones interesadas (7) ______________ (crear) proyectos de colaboración para compartir conocimientos.
- Los usuarios se (8) ______________ (preparar) en el uso de la red.

Las iniciativas del proyecto:

- (9) ______________ (Dar) acceso a la información para la adopción de decisiones.
- (10) ______________ (Mejorar) la conservación de la biodiversidad y el desarrollo sostenible.

09-15 La amenaza del efecto invernadero. Complete el párrafo con el futuro de los verbos.

El profesor Chris Thomas de la Universidad de Leeds en Gran Bretaña dirigió un estudio que concluye que para el año 2050 los cambios climáticos (1) __________ (llevar) a millones de especies a la extinción. Thomas, junto con los otros investigadores, asegura que la información de seis regiones diferentes sugiere que un 25% de los animales y las plantas que viven en el planeta (2) __________ (desaparecer) si las condiciones del efecto invernadero continúan. Algunas especies no (3) __________ (tener) un lugar donde vivir y muchas otras no (4) __________ (poder) llegar a las regiones donde aún existen condiciones que garanticen su supervivencia. En varios casos, los hábitats (5) __________ (irse) reduciendo o desapareciendo y las especies invasoras (6) __________ (competir) por lo que quede. La ONU afirma que este peligro también amenaza a millones de personas que dependen de la naturaleza. Los científicos también indican en su estudio que la reducción de los gases que producen el efecto invernadero y del dióxido de carbono (7) __________ (salvar) a muchas especies de su extinción total.

09-16 Su turno. Responda a las siguientes preguntas oralmente sobre la protección del medioambiente.

- ¿Qué dos medidas deberán tomar primero los países del mundo para salvar el medioambiente y la biodiversidad? ¿Por qué?
- ¿Qué pasará si no hacen nada?

09-17 Un candidato a la presidencia del país. Escuche el siguiente discurso de un candidato a la presidencia. Complete las oraciones con la información que escucha.

1. Para limpiar los ríos y lagos, el candidato _____.
   a. pediría la contribución de los voluntarios
   b. les daría fondos a agencias que se dedican a la ecología
   c. les pondría una multa a las industrias que contaminan
2. Para reducir la deforestación _____.
   a. plantaría más árboles
   b. eliminaría las talas
   c. les daría incentivos a las compañías que reciclan su papel
3. Para mejorar la calidad del aire, el candidato _____.
   a. obligaría a que las industrias controlen la emisión de gases
   b. invertiría en iniciativas alternativas
   c. contrataría a expertos para que lo aconsejen
4. Para hacer a cada ciudadano más responsable de la protección del ambiente _____.
   a. daría incentivos para que cada familia recicle
   b. controlaría el número de basureros que cada familia puede usar
   c. autorizaría la creación de programas educativos para las escuelas primarias y secundarias

09-18 Situaciones hipotéticas. Complete las oraciones con el condicional del verbo.

1. Nosotros __________ (deber) ver documentales sobre el tema para comprender bien el problema de la contaminación.
2. Javier __________ (querer) hacerse miembro de alguna organización para colaborar con sus proyectos.
3. Para contribuir a la protección del medioambiente, yo __________ (poder) reciclar los productos de papel, aluminio y vidrio.
4. Para reducir las emisiones tóxicas, las industrias que contaminan __________ (tener) que implementar cambios drásticos.
5. ¿Tú __________ (reducir) la cantidad de papel que usas para no destruir los bosques?
6. Para crear un ambiente más verde en la universidad, los estudiantes __________ (pedir) que se planten más árboles y que se usen exclusivamente productos orgánicos en las cafeterías.

09-19 Zonas de peligro. Complete las oraciones con el condicional del verbo.

1. Para tener un camino seguro para escapar en caso de una erupción, yo __________ (vivir) cerca de un volcán.
2. Sólo para disfrutar del calor y del hermoso paisaje, mis amigos y yo __________ (subir) los Alpes.
3. Puesto que representa un peligro inminente, muchas personas no __________ (viajar) a las ciudades que están sobre la falla de San Andrés.
4. Como a mi novio no le gusta el frío, él no __________ (ir) a Alaska de vacaciones.

09-20 ¿Qué haría usted? Complete las oraciones con el condicional del verbo para indicar lo que haría si usted fuera Juana.

1. **Juana:** La gente quiere productos más baratos.

   Usted: Si fuera tú, yo ______________ (justificar) los beneficios de los productos orgánicos.
2. **Juana:** No sé qué hacer con el exceso de zanahorias.

   Usted: Si fuera tú, yo las ______________ (donar) al banco de alimentos.
3. **Juana:** Me gusta trabajar en el campo, no en la oficina.

   Usted: Si fuera tú, yo ______________ (pedir) trabajar en el campo.
4. **Juana:** No me gusta tomar los pedidos por teléfono.

   Usted: Si fuera tú, yo ______________ (hablar) con el jefe.
5. **Juana:** Prefiero trabajar al aire libre.

   Usted: En tu lugar, yo ______________ (solicitar) un puesto en el invernadero.

09-21 En la granja. Usted es dueño/a de una granja orgánica. Responda a las siguientes preguntas oralmente. Use el condicional.

- ¿Qué cultivaría?
- ¿A quiénes contrataría para trabajar?
- ¿Qué productos evitaría usar?
- ¿Cómo promocionaría sus productos? ¿Dónde los vendería?

Ventanas al mundo hispano (p. 248)

Antes de ver

09-22 Diferencias topográficas. En *Identidades* se mencionan diferentes descripciones de España y América Latina. Asocie las siguientes regiones con el país correspondiente.

1. _____ la Meseta Central **a.** Chile y Argentina
2. _____ la Pampa **b.** Brasil
3. _____ la Patagonia **c.** Argentina
4. _____ el altiplano **d.** España
5. _____ la selva amazónica **e.** Bolivia

Nombre: ____________________ Fecha: ____________

09-23 Asociaciones. Asocie las regiones con las descripciones.

1. ____ la Patagonia
2. ____ la Pampa
3. ____ el altiplano
4. ____ la selva amazónica

a. región de gran altura
b. área de bosques
c. lugar de glaciares
d. territorio propicio para criar ganado

Mientras ve

09-24 Vea con atención. Asocie las expresiones en el video con su significado.

1. ____ (los problemas del agua) han empeorado
2. ____ deforestación
3. ____ está ligada
4. ____ contrarrestar las tendencias
5. ____ revertir
6. ____ tomar medidas
7. ____ (recursos) forestales y fluviales

a. se relaciona
b. buscar soluciones
c. balancear
d. se han agravado
e. relacionado con los bosques y ríos
f. disminución de bosques
g. cambiar radicalmente

09-25 Identificación. Marque los temas relacionados con el agua que se discuten en este video.

1. ____ La importancia de los ríos Orinoco, Amazonas, Paraná y de la Plata.
2. ____ La relación entre la necesidad de agua y la población del planeta.
3. ____ El nivel actual de agua en los principales ríos de España.
4. ____ Las cifras estimadas del proceso de deforestación en América Latina.
5. ____ Las causas asociadas con el proceso de deforestación.
6. ____ Los nombres de los países que han firmado el Protocolo de Kyoto.

Después de ver

09-26 Recursos naturales. Identifique dos consecuencias negativas que tendrán en el planeta la escasez de agua dulce (*fresh*) y la deforestación.

La escasez de agua dulce

1. ________________________________
2. ________________________________

La deforestación

1. ________________________________
2. ________________________________

Nombre: ______________________________ Fecha: ____________________

SEGUNDA PARTE

A leer

Vocabulario en contexto (p. 249)

09-27 Crucigrama. Complete el crucigrama con las palabras que correspondan a las siguientes definiciones.

Horizontales:

1. Reducción progresiva de las masas forestales: la ____________________
2. Corte de árboles en su base: la ____________________
4. Conjunto natural de organismos: el ____________________
5. Zona de densa vegetación y biodiversidad: la ____________________

Verticales:

3. Cantidad de lluvia que cae durante un determinado periodo: la ____________________

09-28 Asociaciones. Asocie los siguientes verbos con su significado.

1. _____ advertir
2. _____ extinguir
3. _____ frenar
4. _____ reforzar

a. hacer fuerte o fortalecer
b. avisar o informar
c. eliminar
d. disminuir o detener

09-29 Las zonas geográficas. Describa el clima donde usted vive. Responda a las siguientes preguntas oralmente.

- ¿Es el clima variado?
- ¿Cuándo ocurren los cambios de clima?
- ¿Dependen los cambios climáticos de las características topográficas o geográficas de su región (montañas, costa, etc.)?

Lectura (p. 251)

09-30 Anticipación. Asocie los siguientes términos.

1. _____ búsqueda
2. _____ desarrollo
3. _____ deuda

a. gasolina
b. dinero que se recibe
c. progreso

4. _____ fuentes　　d. dinero que alguien debe pagar
5. _____ ganancias, ingresos　　e. terminar, eliminar
6. _____ matar　　f. buscar
7. _____ petróleo　　g. recursos

09-31 A reflexionar. Mencione tres efectos negativos del uso del petróleo en el transporte. Dé detalles.

1. ______________________________
2. ______________________________
3. ______________________________

09-32 La búsqueda del petróleo. Lea el artículo y, luego, determine si las afirmaciones son **ciertas, falsas** o si la información **no se menciona** en el texto.

Las dificultades en la búsqueda del petróleo

El conflicto entre la protección del medioambiente y los intereses económicos ha existido siempre. En la Amazonía y otras áreas selváticas esta lucha es aún más evidente por la búsqueda del petróleo. En la explotación de este recurso natural se enfrentan los intereses de los indígenas con los intereses económicos nacionales e internacionales.

En Ecuador, por ejemplo, el presidente Rafael Correa ha hecho una propuesta llamativa: abandonar el desarrollo de un campo petrolero en una reserva natural con tal de que su país reciba compensación económica, es decir, que la deuda externa de Ecuador sea perdonada. Aunque la intención del presidente ecuatoriano es preservar el parque, los ingresos son esenciales para el progreso de la economía del país. A pesar de que la explotación del petróleo del parque nacional Yasuni podría darle ganancias al país, también pondría en peligro la vida de los ecuatorianos y el medioambiente.

En el territorio de Loreto, una amplia zona selvática peruana, donde los indios achuar han vivido desde hace miles de años en armonía con el medioambiente, continúan las protestas de los indígenas frente a la amenaza constante de su vida desde hace más de 35 años. Según la Federación de Comunidades Nativas del Río Corrientes, la extracción de un barril de petróleo produce nueve barriles de agua contaminada con hidrocarburos y metales pesados. Esta zona produce diariamente un millón de barriles de petróleo. La extracción del petróleo ha destruido el frágil ecosistema, matando peces y otros animales; ha contaminado el agua y ha provocado enfermedades entre los habitantes del lugar.

1. El conflicto entre la protección del medioambiente y el capitalismo es algo nuevo.　　a. cierto　b. falso　c. no se menciona
2. En Ecuador hay muchos parques nacionales.　　a. cierto　b. falso　c. no se menciona
3. El presidente ecuatoriano dice que la paralización de la extracción del petróleo será necesaria.　　a. cierto　b. falso　c. no se menciona
4. El gobierno de Ecuador abandonará sus planes si no recibe la mitad de lo que posiblemente ganaría por la explotación del petróleo de esta zona.　　a. cierto　b. falso　c. no se menciona

5. Ecuador aceptaría como compensación la disculpa de sus deudas. a. cierto b. falso c. no se menciona
6. El Yasuni es una amplia zona selvática en Perú. a. cierto b. falso c. no se menciona
7. La extracción del petróleo no afecta el medioambiente. a. cierto b. falso c. no se menciona
8. La búsqueda de petróleo en Perú ocurre sin afectar a la gente ni el medioambiente. a. cierto b. falso c. no se menciona

09-33 A largo plazo. Responda a la siguiente pregunta. En el futuro, ¿qué consecuencias para el medioambiente traerá el uso prolongado del petróleo?

____

____

09-34 En su opinión. Responda a la siguiente pregunta. ¿Vale la pena (*Is it worthwhile*) continuar con el uso del petróleo, a pesar de los efectos negativos que tiene sobre el medioambiente?

____

____

Aclaración y expansión (p. 254)

09-35 Un concierto. Escuche las siguientes oraciones y complételas con la opción apropiada.

1. No quiero llevar paraguas, aunque ____________ que lo necesitaremos.
   a. creo b. crea
2. No queremos perdernos el concierto como lo ____________ la última vez que vinieron estos músicos.
   a. hagamos b. hicimos
3. Invita a Joaquín cuando lo ____________, ya que Sandra no puede acompañarnos.
   a. verás b. veas
4. El concierto va a empezar tan pronto como ____________ el cantante.
   a. llegue b. llegará
5. La entrada del estadio, donde nos ____________ de la tormenta la última vez que vimos el partido, va a estar llena de gente.
   a. protejamos b. protegimos

09-36 El medioambiente. Escuche las siguientes oraciones y complételas con la opción apropiada.

1. _____ La selva del Amazonas va a desaparecer a menos que el gobierno. . .
2. _____ Las industrias papeleras talan árboles para que los consumidores. . .

a. pueda hacer las cosas que quiera.
b. haga algo al respecto.

3. ____ Quiero viajar a Perú con tal de que yo. . .
4. ____ El ser humano daña la naturaleza aunque. . .
5. ____ Generalmente hace menos frío cuando. . .

c. también tiene un impacto positivo sobre ella.
d. cae nieve.
e. puedan comprar papel.

09-37 En caso de emergencia. Complete lógicamente las siguientes oraciones con el presente del subjuntivo.

1. En caso de un tornado, protegeré las ventanas de mi casa a menos que no __________ (tener) tiempo.
2. En caso de una avalancha, trataré de evitarla con tal de que __________ (ser) posible.
3. En caso de un terremoto, pondré a mis hermanos bajo una estructura sólida para que __________ (estar) protegidos.
4. En caso de una inundación, mis vecinos y yo nos quedaremos en nuestras casas aunque las autoridades nos __________ (decir) que es muy peligroso.

09-38 Algunas sugerencias. Usted hace algunas recomendaciones para salvar el planeta. Complete las oraciones con el presente del subjuntivo.

1. Use las bombillas de luz de bajo consumo aunque __________ (costar) más.
2. Apague la luz cuando usted __________ (irse).
3. Gradúe el termostato en cuanto __________ (bajar) la temperatura.
4. No lave la ropa hasta que la lavadora __________ (estar) llena.
5. Hierva solamente el agua que necesita a menos que usted __________ (querer) malgastar su dinero.
6. Compre alimentos de temporada cuando (usted) __________ (poder).

09-39 Los intereses ecológicos. Complete cada oración con la forma apropiada.

1. Empezaré a trabajar para el Club Sierra en cuanto __________ (tengo / tenga) el dinero para la membresía.
2. Siempre colaboramos cuando nos lo __________ (permiten / permitan) nuestros horarios.
3. Tú, por ejemplo, siempre vas a la oficina central después de que __________ (terminen / terminan) las clases.
4. Nosotros vamos a empezar una campaña tan pronto como __________ (tenemos / tengamos) suficientes fondos.
5. Anunciaremos gratuitamente las reuniones en el periódico hasta que nos __________ (empiezan / empiecen) a cobrar.
6. —Todavía no le he escrito al senador.

   —Aunque le __________ (escribes / escribas) no creo que te conteste.

09-40 Decisiones. Complete las siguientes oraciones con el presente del subjuntivo o del indicativo.

1. Los estudiantes se quejarán de la tarea, aunque __________ (ser) poca.
2. Tan pronto como __________ (terminar) el concierto, Ana y Luis se van a cenar.
3. Vamos a descansar después de que yo __________ (hacer) la tarea.
4. Nuestro grupo siempre se reúne donde Elisa __________ (vivir) porque tiene un apartamento grande.
5. En cuanto tú __________ (estar) listo, nos vamos a comer.
6. Hasta que no __________ (venir) mi compañera de clase, yo no puedo empezar mi tarea.

Nombre: ______________________ **Fecha:** ______________

09-41 La vida en el futuro. Use los verbos de la lista para completar las siguientes oraciones con el subjuntivo.

caminar	comprar	contaminar	decir	haber
inventar	llegar	querer	ser	tener

1. Todas las casas del futuro tendrán un robot para que. . .

   ____

2. En la casa del futuro habrá monitores donde el usuario podrá controlar su consumo eléctrico con tal de que. . .

   ____

3. Los carros del futuro usarán nuevas formas de energía para que. . .

   ____

4. Las casas del futuro tendrán censores luminosos en el piso en caso de que. . .

   ____

5. Los ecologistas del futuro nunca se equivocarán a menos que. . .

   ____

6. En el futuro la gente protegerá el medioambiente sin que. . .

   ____

09-42 Nuestra dependencia. Responda a las siguientes preguntas oralmente.

- ¿Qué hace usted para proteger el medioambiente?
- ¿Cree que es necesario hacer más para que las futuras generaciones puedan disfrutar de los recursos naturales que existen hoy? Explique.

Algo más (p. 259)

09-43 Mi amiga Ana. Use los verbos de la lista para completar el siguiente texto.

dejamos	empieza	insiste	invitó
preocupo	quedamos	sueña	trata

Mi amiga Ana (1) ____________ con estudiar ciencias ambientales. Ayer, ella me (2) ____________ a cenar y a ver un nuevo documental sobre la crisis ecológica. Nosotras (3) ____________ en vernos afuera del restaurante mañana a las 7.00 p.m. porque el documental (4) ____________ a las 8.00 p.m. Ana siempre (5) ____________ en llegar temprano al cine para comprar dulces y conseguir buenos asientos.

Nombre: ______________________ Fecha: ______________

A escribir (p. 260)

09-44 Organizaciones.
Primera fase: Preparación. Busque en Internet los nombres de dos organizaciones interesadas en la protección del medioambiente y de los animales en su estado. Tome notas sobre:

- las metas de estas organizaciones
- las medidas que usan para promover sus objetivos
- lo que opinan sus defensores y sus detractores

Segunda fase: A escribir. Para su clase de estudios ambientales usted debe escribir un informe sobre una organización interesada en la protección del medioambiente y de los animales de su estado. Use la información que obtuvo en la *Primera fase* para escribir su informe.

Tercera fase: A editar. Lea de nuevo el informe que escribió y revise lo siguiente:

- **La estructura de su exposición:** la introducción, el cuerpo temático y la conclusión
- **La precisión en el uso de la lengua:** el uso correcto del vocabulario y de las conjugaciones (presente del subjuntivo y presente del indicativo)
- **Las formalidades de la lengua:** la puntuación y la ortografía

A explorar (p. 262)

09-45 El Tratado de Kyoto. Busque en Internet de qué trata este pacto y responda a las siguientes preguntas. ¿Quiénes lo han firmado? ¿Quiénes no lo han firmado? ¿Piensa usted que Estados Unidos debería firmar este pacto? ¿Por qué?

Nombre: ______________________ Fecha: ______________

Nuestro futuro

PRIMERA PARTE

A leer

Vocabulario en contexto (p. 268)

10-01 El futuro financiero. Complete el párrafo con las palabras de la lista.

caída de la bolsa	desarrollo	empleo infantil	exportación
impuestos	inversión	prosperidad	tratados

Los avances económicos de los países en vías de (1) ____________________ están fuertemente ligados al incremento de la (2) ____________________ de sus productos y a la (3) ____________________ extranjera en su territorio. Desgraciadamente, los avances económicos no siempre traen (4) ____________________ para todos, ya que a veces estos éxitos implican condiciones de trabajo negativas e incluso abusivas, como el (5) ____________________.

10-02 La industria. Complete las oraciones con la expresión adecuada.

1. Muchas empresas de textiles en Estados Unidos usan la ____________________ de los países en vías de desarrollo para mantener precios bajos.
   a. mano de obra **b.** hipoteca **c.** inversión
2. Las empresas exitosas se enfocan en la producción masiva de los ____________________.
   a. bienes de consumo **b.** impuestos **c.** tratados
3. Las empresas multinacionales ponen mucha atención a los cambios y las fluctuaciones de la ____________________, las cuales afectan el valor del producto que venden.
   a. fábrica **b.** hipoteca **c.** bolsa

4. Tanto las compañías multinacionales como los individuos compran ______________ para solidificar sus finanzas.
   a. acciones **b.** valores **c.** impuestos

5. A veces los gobiernos tienen que usar un ______________ o incentivo económico para estimular la economía nacional.
   a. defensor **b.** tratado **c.** impulso

10-03 El progreso. Complete el crucigrama con los verbos que corresponden a las siguientes definiciones.

Verticales:

1. estimar, tener en alto: ______________
2. emplear el capital: ______________

Horizontales:

3. producir o manufacturar: ______________
4. hacer crecer en tamaño, incrementar: ______________
5. causar daño: ______________

10-04 Desde su punto de vista. Describa los beneficios y los problemas que han resultado de la existencia de las maquiladoras (*assembly plants*) en la frontera de Estados Unidos y México. ¿Cómo son las condiciones de trabajo en estas fábricas? ¿Quiénes se han beneficiado de este tipo de industria? ¿Qué cambios se deberían implementar?

____

____

____

Lectura (p. 270)

10-05 Anticipación. Asocie las palabras con su significado.

1. ______ apoyar	**a.** mejorar
2. ______ camino	**b.** posible
3. ______ factible	**c.** dar soporte o ayuda
4. ______ flujo	**d.** trayecto o vía
5. ______ remediar	**e.** desafío
6. ______ reto	**f.** precio
7. ______ tarifa	**g.** movimiento

Nombre: ______________________________ **Fecha:** ______________

10-06 A reflexionar. Responda a las siguientes preguntas. ¿Cuáles son los beneficios de comprar productos domésticos? ¿Por qué cree usted que en Estados Unidos hay gran demanda de productos fabricados en el exterior?

____

____

____

10-07 Examine el texto. Lea el artículo y, luego, determine si las afirmaciones son **ciertas, falsas** o si la información **no se menciona** en el texto.

La glocalización: una alternativa a la globalización

Hay personas que están a favor de la globalización y otras que están en contra. Sin embargo, todas estas personas concuerdan en que es necesario buscar soluciones alternativas al sistema actual de comercio mundial. Es fundamental proponer medidas para remediar los efectos negativos de la globalización que se han empezado a observar en varios países.

La glocalización consiste en la autosuficiencia de cada país; es una de las vías alternativas que se propone como solución a los efectos negativos de la globalización. Según Colin Hines, un ejecutivo de Greenpeace, para crear más autonomía económica nacional, sería fundamental establecer estrictos controles de flujo de capital. También sería importante introducir tarifas y cuotas a la importación para proteger la fabricación de productos locales. Si impusiéramos impuestos ecológicos y reorientáramos los objetivos de asistencia económica gubernamental y comercial, contribuiríamos a la reconstrucción de las economías locales de forma más permanente.

La glocalización se alcanzaría si los gobiernos se enfocaran en la producción y el comercio a nivel nacional, si se fomentara el consumo de productos nacionales y se protegiera activamente nuestra economía local a pesar de la imposición de tarifas al comercio exterior. La glocalización no implica el rechazo (*rejection*) del comercio internacional, sino más bien la limitación del consumo a lo que se considere necesario. De este modo no sólo se apoyarían los negocios y productos locales sino que también se reduciría el nivel de contaminación que proviene del transporte de mercancía que viene de lugares lejanos.

1. Es necesario remediar los efectos de la globalización. **a.** cierto **b.** falso **c.** no se menciona
2. Las maquiladoras representan un problema ético. **a.** cierto **b.** falso **c.** no se menciona
3. La glocalización propone una dependencia entre los países. **a.** cierto **b.** falso **c.** no se menciona
4. La economía local mejoraría si pudiéramos controlar el dinero que entra y sale del país. **a.** cierto **b.** falso **c.** no se menciona
5. Según los principios de la glocalización, la venta de los productos fabricados localmente no mejoraría la economía nacional. **a.** cierto **b.** falso **c.** no se menciona
6. Para mejorar la economía nacional sería buena idea evitar un impuesto ecológico. **a.** cierto **b.** falso **c.** no se menciona
7. Recientemente se observa un aumento de la importación de productos extranjeros. **a.** cierto **b.** falso **c.** no se menciona
8. La glocalización reduciría el nivel de contaminación asociado con el transporte de la mercancía. **a.** cierto **b.** falso **c.** no se menciona

Nombre: ______________________ Fecha: ______________

10-08 Los beneficios de la glocalización. Responda a las siguientes preguntas. ¿Qué beneficios podemos esperar de la glocalización de la economía? En su opinión ¿será fácil alcanzar los objetivos de la glocalización? Explique.

____

____

10-09 Consideremos las alternativas. Responda a las siguientes preguntas. ¿Cree usted que la glocalización es una buena alternativa a la globalización? ¿Por qué?

____

____

10-10 En su opinión. Responda a las siguientes preguntas oralmente.

- Cuando usted compra ropa, ¿mira la etiqueta para ver dónde se fabricó? Si el producto viene de un país como Camboya, Guatemala o Vietnam, ¿piensa usted en las condiciones de trabajo de los trabajadores en estos países? Explique.
- ¿Le preocupa pagar 60 dólares por un pantalón cuando el costo de la producción es de $5?

Aclaración y expansión (p. 272)

10-11 En la actualidad. Escuche el noticiero y seleccione la frase que completa lógicamente las siguientes oraciones.

1. _____ Al Gore quería que…
2. _____ Gore sugería que…
3. _____ Greenpeace ya había exigido que…
4. _____ Otras organizaciones de protección del medioambiente propusieron que…
5. _____ Los ingenieros ambientales pidieron que…
6. _____ Los ingenieros mecánicos exigieron que…

a. las empresas multinacionales dejaran de emitir gases nocivos.
b. el gobierno legislara a favor de la construcción de vehículos eléctricos.
c. las nuevas construcciones conservaran energía.
d. los ciudadanos pensaran seriamente en proteger el medioambiente.
e. usáramos el transporte público más a menudo.
f. evitáramos la explotación indiscriminada de los recursos naturales.

10-12 Un candidato a la presidencia. Escuche el discurso de un candidato a la presidencia y complete las oraciones.

1. Recomendaría que el gobierno federal les ______________ acceso a todos los ciudadanos al seguro de salud.
2. Exigiría que las escuelas les ______________ mejor a los profesores.
3. Me aseguraría de que nuestro país ______________ en energías alternativas.
4. Tendríamos mejores relaciones con otros países con tal de que ______________ medidas más diplomáticas para comunicarnos.

5. Durante mi mandato trabajaría como si ____________ el primer día que asumí el puesto.
6. Si ____________ problemas serios, los discutiría abiertamente con ustedes.

10-13 Volvería a mi país si... Complete la siguiente oración con el imperfecto del subjuntivo de los verbos.

Yo volvería a mi país si…

1. mi familia ____________ (ganar) más dinero.
2. el gobierno ____________ (ofrecer) mejores beneficios sociales.
3. yo ____________ (echar) mucho de menos a mi familia.
4. mi esposo y yo no ____________ (progresar) económicamente.
5. mis hijos no ____________ (poder) continuar sus estudios.
6. yo no ____________ (adaptarse) a las costumbres del país.
7. mi esposo y yo no ____________ (aprender) el idioma.
8. mi familia me ____________ (necesitar).

10-14 La importancia de la tecnología. Complete las oraciones con el imperfecto del subjuntivo de los verbos.

1. Sería buena idea que el gobierno ____________ (reducir) el costo de computadoras para los estudiantes universitarios.
2. Me alegró mucho saber que algunos candidatos presidenciales ____________ (querer) discutir la importancia de usar la tecnología para mejorar la economía.
3. Antes dudaba que el gobierno ____________ (poder) hacer algo para solucionar los problemas, pero ahora creo que sí pueden equipar las escuelas con la tecnología necesaria.
4. Varios países empezaron a implementar leyes estrictas en caso de que ____________ (haber) abusos.
5. Más y más gente empezó a depender de las computadoras porque fue necesario que la información ____________ (estar) digitalizada.
6. El acceso a Internet nos permitió hacer viajes virtuales sin que nadie ____________ (tener) que pagar un centavo.
7. Muchas personas predijeron las innovaciones en el campo de la computación antes de que ____________ (ocurrir).
8. Las computadoras no funcionaron sin que los técnicos ____________ (poner) los programas adecuados.

10-15 Un mundo diferente. Complete las oraciones con el imperfecto del subjuntivo de los verbos.

1. Si yo ____________ (saber) cómo, solucionaría el problema de la pobreza mundial.
2. Si no ____________ (haber) tantos animales abusados, no existirían tantas organizaciones que los protegen.
3. No habría tanta contaminación si las empresas multinacionales no ____________ (producir) tantas emisiones de gas.
4. Si la ciudad ____________ (tener) mejor sistema de transporte público, habría menos autos en las carreteras.

5. Si las compañías nacionales no ____________ (ser) tan ambiciosas, no contratarían mano de obra barata en otros países.
6. Seríamos más conscientes del problema del calentamiento global si el gobierno ____________ (poner) más énfasis en el medioambiente.

10-16 Lo que se pudo hacer en el pasado. Complete las oraciones con el presente del subjuntivo o el imperfecto del subjuntivo de los verbos. Preste atención a los tiempos verbales.

1. Debimos establecer medidas más eficaces para que los ciudadanos ____________ (proteger) el medioambiente.
2. Muchos europeos querían estudiar los efectos secundarios de los alimentos genéticamente modificados antes de que las multinacionales los ____________ (distribuir).
3. El experto nos dijo que era muy importante que nosotros ____________ (reducir) las emisiones de contaminantes en el aire.
4. A nadie le sorprendió que California ____________ (adoptar) medidas ecológicas.
5. El problema de los inmigrantes indocumentados no se solucionará a menos que nosotros ____________ (examinar) las causas que los motivan a salir de su país.
6. Es una lástima que algunos no ____________ (tener) conocimiento de los problemas de los inmigrantes indocumentados.

10-17 Lo que yo quisiera ver. Escoja uno de los problemas actuales en la siguiente lista y diga oralmente qué le gustaría que se hiciera para resolverlo:

- el calentamiento global
- el traslado de las compañías multinacionales a países con mano de obra barata
- la contaminación causada por las industrias multinacionales
- el exceso de automóviles en las calles y las carreteras

10-18 Hipotéticamente. Responda a la siguiente pregunta. ¿Qué tendría que ocurrir en el país donde usted vive para que usted emigrara a otro país?

____

____

Ventanas al mundo hispano (p. 276)

Antes de ver

10-19 ¿Ventaja o desventaja? Indique si los siguientes fenómenos representan una ventaja (**V**) o una desventaja (**D**) para los países que reciben inmigrantes.

1. ______ Algunos inmigrantes no hablan la lengua del país al que emigran.
2. ______ Los inmigrantes contribuyen a la diversidad cultural.
3. ______ Los inmigrantes ayudan a sostener el sistema de seguridad social del país.
4. ______ Algunos inmigrantes tienen dificultades de adaptación al nuevo país.

Nombre: ______________________________ Fecha: ______________

10-20 ¿Sinónimos? Asocie cada palabra con la definición correcta.

1. _____ inmigrante	**a.** persona separada de su país de origen generalmente por razones políticas
2. _____ exiliado	**b.** persona que busca asilo en otro país para escapar de una guerra o de la persecución
3. _____ refugiado	**c.** persona que generalmente llega a otro país en busca de mejores oportunidades laborales

Mientras ve

10-21 Inmigrantes latinoamericanos en España. Marque las respuestas correctas según la información que aparece en el video. Más de una respuesta es correcta.

1. Los países latinoamericanos que aportan el mayor número de inmigrantes a España son…

a. _____ Perú.
b. _____ Ecuador.
c. _____ Colombia.
d. _____ Argentina.
e. _____ Chile.

2. Las regiones de España donde hay mayor concentración de inmigrantes son…

a. _____ Madrid.
b. _____ Galicia.
c. _____ Andalucía.
d. _____ Asturias.
e. _____ la Comunidad Valenciana.

3. La mayor parte de los inmigrantes en España trabajan en…

a. _____ la hostelería.
b. _____ la agricultura.
c. _____ el servicio doméstico.
d. _____ las oficinas del gobierno.

4. Las principales razones de la presencia de inmigrantes latinoamericanos en España son…

a. _____ la existencia de más oportunidades de trabajo.
b. _____ mejores beneficios sociales.
c. _____ ventajas respecto a la ciudadanía.
d. _____ semejanzas de tipo cultural.

Después de ver

10-22 Criterios de inmigración. Según el video, distintas encuestas muestran que la mayoría de los inmigrantes regresarían a su país de origen si las condiciones fueran diferentes. Según usted, ¿cómo tendrían que ser esas condiciones?

____

____

Nombre: ______________________ Fecha: ______________

SEGUNDA PARTE

A leer

Vocabulario en contexto (p. 277)

10-23 Sopa de letras. Busque las expresiones que corresponden a las siguientes definiciones.

1. Un aparato que permite tomar fotos y guardarlas en una computadora: ______________
2. Una computadora que por su tamaño se puede llevar a varios sitios: ______________
3. Una comunicación escrita por vía digital: ______________
4. Un aparato pequeño que se usa para comunicarse con alguien: ______________
5. Un teclado que no tiene cable: ______________
6. La parte de la computadora donde se ve la imagen: ______________

t	b	o	y	p	i	l	i	t	á	t	r	o	p	r
ú	s	c	d	o	l	o	r	e	s	u	b	o	a	k
c	á	m	a	r	a	d	i	g	i	t	a	l	n	ó
o	b	e	l	t	e	y	h	j	l	l	t	u	t	q
i	n	a	l	á	m	b	r	i	c	o	i	g	a	x
n	e	s	v	t	o	a	l	l	a	s	d	p	l	f
i	o	a	p	i	t	c	t	í	z	a	o	k	l	g
t	e	l	é	i	o	n	o	c	e	l	u	l	a	r
m	e	n	s	a	j	e	d	e	t	e	x	t	o	m

10-24 ¿Qué tiene? Complete las siguientes oraciones con la opción apropiada.

1. Se necesita una ______________ para jugar videojuegos.
   a. batidora b. lavadora c. consola
2. El iPad tiene una pantalla ______________.
   a. táctil b. virtual c. celular
3. Quiero que venga el técnico para ______________ mi computadora porque no funciona bien.
   a. pillar b. echarle un vistazo a c. pasarlo genial con
4. Necesito ayuda para ______________ el problema del disco duro.
   a. pasar por b. hacer c. localizar
5. Con una conexión ______________ ya no necesito tantos cables como antes.
   a. portátil b. inalámbrica c. dura

10-25 ¿Dónde? Determine si se asocian los siguientes aparatos con las tareas domésticas o el trabajo.

1. una batidora ______________
   a. las tareas domésticas b. el trabajo

2. un lavaplatos ______________
   a. las tareas domésticas b. el trabajo
3. un teclado inalámbrico ______________
   a. las tareas domésticas b. el trabajo
4. un microondas ______________
   a. las tareas domésticas b. el trabajo
5. una tableta ______________
   a. las tareas domésticas b. el trabajo
6. una lavadora ______________
   a. las tareas domésticas b. el trabajo

10-26 El uso de la computadora. Responda a las siguientes preguntas oralmente.

- Según usted, ¿la computadora mejora o empeora la vida de las personas? ¿Por qué?
- En su opinión, ¿crea dependencia la computadora? ¿Por qué?

Lectura (p. 279)

10-27 Anticipación. Asocie las palabras con su significado.

1. _____ agrícola — a. carencia o ausencia
2. _____ bajar — b. movimientos de la tierra
3. _____ falta — c. relacionado a la agricultura
4. _____ porvenir — d. una tercera parte
5. _____ tercio — e. futuro
6. _____ terremoto — f. disminuir

10-28 A reflexionar. Responda a las siguientes preguntas. ¿Cómo será su vida en el futuro? ¿Cómo será el mundo? Explique.

____

____

10-29 Examine el texto. Lea el artículo y, luego, determine si las afirmaciones son **ciertas, falsas** o si la información **no se menciona** en el texto.

Nuestro mundo en el futuro

El porvenir del planeta es un tema de interés para muchos. Varias personas se han dedicado a estudiar las tendencias del presente y sus proyecciones futuras. Lo que sigue es una lista de los posibles desarrollos científicos y sociales que algunos predicen para el futuro:

- El consumo de los alimentos genéticamente modificados superará el de los alimentos de cultivo natural.
- Casi dos tercios de la población mundial sufrirá falta de agua a menos que se conserve el agua o se desalinice el agua en lugares donde ya es escasa.
- Los sistemas de seguridad serán más sofisticados y podrán identificar a los individuos por su manera de caminar.

- Más países harán obligatoria la votación para evitar que el número de votantes voluntarios siga bajando.
- Los temblores y terremotos serán más devastadores sin que los gobiernos puedan reconstruir las ciudades con suficiente prontitud.
- La ingeniería genética desacelerará el proceso de envejecimiento mientras el interés en la estética y la longevidad sigan siendo fuertes.
- Los osos polares desaparecerán a no ser que el efecto invernadero pare.
- La proporción de personas que optan por no tener hijos aumentará.

Muchos ya habían predicho la existencia de una realidad virtual asociada a una red de conexiones semejante a Internet. Lo que pase en el futuro no está fuera de nuestro control. Nosotros podemos influir la dirección que seguirá el mundo. ¿Queremos vivir en un lugar donde hay paz, justicia social e igualdad, o preferimos un lugar donde dominan las diferencias entre las personas, el desperdicio de los recursos naturales, la corrupción y el terror? Estas son preguntas que necesitamos hacernos para tomar las medidas necesarias y lograr el mundo que queremos.

1. Hay mucho interés en el futuro.	**a.** cierto	**b.** falso	**c.** no se menciona
2. El agua será un recurso muy valorado.	**a.** cierto	**b.** falso	**c.** no se menciona
3. La población del mundo seguirá creciendo.	**a.** cierto	**b.** falso	**c.** no se menciona
4. Los futurólogos publicarán muchos libros sobre avances científicos.	**a.** cierto	**b.** falso	**c.** no se menciona
5. Es probable que el interés en la longevidad detenga el deterioro del cuerpo.	**a.** cierto	**b.** falso	**c.** no se menciona
6. El índice de natalidad seguirá subiendo.	**a.** cierto	**b.** falso	**c.** no se menciona
7. El gobierno debe tomar con mayor seriedad el tema del medioambiente.	**a.** cierto	**b.** falso	**c.** no se menciona
8. Todos podemos contribuir a lograr un mundo mejor.	**a.** cierto	**b.** falso	**c.** no se menciona

10-30 El futuro del libro. Escuche la lección de sociología y marque la información que se da.

1. ______ Los libros en papel jamás dejarán de existir.

2. ______ El formato electrónico del libro se impondrá gracias a los adelantos tecnológicos que se harán con las computadoras y los lectores electrónicos.

3. ______ Habrá libros de papel con tal que haya gente que esté dispuesta a pagar su costo.

10-31 En su opinión. Responda a las siguientes preguntas oralmente.

- ¿Cree usted que los libros electrónicos tienen la posibilidad de ser aún más populares de lo que son?
- ¿Qué riesgos corremos al usar aparatos como el Nook?
- ¿Piensa usted que la función de las bibliotecas cambiará en el futuro? Explique.

10-32 Los aparatos del futuro. Responda a la siguiente pregunta. Según usted, ¿cuáles son algunas innovaciones tecnológicas que existirán en el futuro? Descríbalas.

____

____

Nombre: ______________________ Fecha: ______________________

Aclaración y expansión (p. 282)

10-33 La tecnología en la vida diaria. Escuche a las siguientes personas y complete las oraciones.

Sofía

1. Si yo no ______________ artista, creo que usaría la computadora con más frecuencia.
   a. soy **b.** sea **c.** fuera
2. Si pudiera, ______________ un iPad.
   a. compraría **b.** compraré **c.** compre
3. Si ______________ que usar un solo aparato tecnológico, sería el teléfono celular.
   a. tenga **b.** tuviera **c.** tengo

Carlos

4 Si pudiera, me ______________ un Android.
   a. compro **b.** compraré **c.** compraría

5 Si tuviera que usar un solo aparato tecnológico ______________ mi computadora portátil.
   a. será **b.** sería **c.** sea

10-34 Elena trabaja mucho frente a la computadora. Escuche las siguientes oraciones y complete las oraciones con el condicional.

1. Si estuviera en tu lugar, yo me ______________ unos días libres.
2. Si la supervisora no me permitiera tomar unos días libres, yo ______________ una excusa.
3. Si a mí me doliera el cuello tanto como a ti, yo no lo ______________ y ______________ a un kinesiólogo.
4. Hasta que no me dejara de doler el cuello, yo no ______________ la computadora.
5. Si el médico me recetara algo, ______________ a la farmacia a buscar los analgésicos inmediatamente.
6. Si me sintiera mal, no ______________ a la oficina hasta estar mejor.
7. Si el dolor persistiera, ______________ una cita con un terapeuta.
8. Hasta que todo el dolor se fuera, yo ______________ en casa.
9. Si pudiera estar en casa, ______________ lo que pudiera, pero sin exagerar.
10. Si alguien viniera a ayudarme, ______________ más animada.

Nombre: ______________________ Fecha: ______________

10-35 Las metas. Seleccione la opción adecuada según el contexto.

1. Compraría un robot para limpiar mi casa si ______________ (ganaría / ganara) la lotería.
2. Buscaría una computadora nueva si la mía no ______________ (funcionaría / funcionara).
3. Mis amigos y yo jugaríamos a todos los videojuegos nuevos si ______________ (tuviéramos / tendríamos) el tiempo.
4. Practicaría mi español por Skype si ______________ (encontrara / encontraría) un amigo hispano con quien hablar.
5. Me mudaría a Nueva York si ______________ (conseguiría / consiguiera) trabajo en la tienda de Macintosh.
6. Cambiaría frecuentemente mis aparatos electrónicos si ______________ (quisiera / querría) probar los nuevos productos.

10-36 ¿Qué pasaría? Complete las siguientes oraciones usando el imperfecto del subjuntivo o el condicional, según el contexto.

1. Si mi papá perdiera su teléfono celular, él ______________ (llamar) a la tienda donde lo compró.
2. Si mi mejor amigo no pudiera instalar un programa en su computadora, yo lo ______________ (ayudar).
3. Si mi novia estuviera aburrida, nosotros ______________ (jugar) a los videojuegos.
4. Mis amigos ______________ (ponerse) contentos si yo comprara una consola de Play Station 3.
5. Yo le ______________ (prestar) mi nueva computadora portátil a mi amiga si ella me la pidiera.
6. Si yo no les escribiera mensajes de texto a mis amigos, ellos no ______________ (saber) dónde estoy.

10-37 Un problema hipotético. Complete las siguientes oraciones usando el imperfecto del subjuntivo o el condicional, según el contexto.

1. Si mi computadora ______________ (dejar) de funcionar, yo ______________ (buscar) a mi novia porque sabe mucho sobre la tecnología.
2. Si mi novia no la ______________ (saber) arreglar, ella y yo ______________ (llamar) a un técnico.
3. El técnico ______________ (venir) a mi casa si nosotros no ______________ (poder) ir a la tienda.
4. El técnico ______________ (hacer) un diagnóstico si no ______________ (distinguir) el problema de inmediato.
5. Al finalizar el diagnóstico el técnico me ______________ (recomendar) instalar un programa específico si ______________ (haber) riesgo de virus.

10-38 ¿Qué harían estas personas? Complete las siguientes oraciones usando el imperfecto del subjuntivo o el condicional, según el contexto.

1. No tengo dinero, pero si lo ______________ (tener), yo ______________ (comprar) una tablet Android.
2. No van a invitar a Ramón, pero si ellos lo ______________ (invitar), él ______________ (arreglar) todas las computadoras.
3. No puedo salir a las 3.00, pero si yo ______________ (poder), les ______________ (escribir) a mis amigos un mensaje de texto.

4. No podemos terminar la composición, pero si la profesora nos ______________ (dar) más tiempo, nosotros se la ______________ (enviar) por correo electrónico.

5. Si yo ______________ (ganar) más dinero, ______________ (poder) comprarme un teclado inalámbrico.

6. Yo me ______________ (asegurar) de tener buena conexión al Internet si ______________ (tener) que bajar un programa a mi computadora.

10-39 El uso y el abuso. Complete las siguientes oraciones usando el imperfecto del subjuntivo o el condicional, según el contexto.

1. Si mi hermana ______________ (ser) adicta a la tecnología yo le ______________ (sugerir) que practicara algún deporte todos los días.
2. Si tú ______________ (tener) más tiempo libre, ______________ (poder) asistir a una clase de computación en la biblioteca pública.
3. Mi compañera de cuarto y yo les ______________ (enseñar) a los estudiantes voluntarios cómo usar iWeb y Final Cut Pro X si ellos ______________ (querer) aprender.
4. Los estudiantes universitarios ______________ (entregar) todas sus tareas electrónicamente si sus profesores los ______________ (dejar) hacerlo.

10-40 ¿Qué haría usted? Describa oralmente qué haría si pudiera con respecto a algunos de los siguientes temas:

- sus estudios
- sus malos hábitos
- su bienestar económico
- sus intereses tecnológicos

Algo más (p. 284)

10-41 Identificación. Seleccione la función de **se** en el ejemplo en negrita (*bold*).

1. Alma y Luis tienen una relación problemática porque no **se comunican.** _____
   a. reflexivo **b.** recíproco **c.** impersonal **d.** pronombre de objeto indirecto
2. Para mantener una relación sana, es importante que los novios **se respeten.** _____
   a. reflexivo **b.** recíproco **c.** impersonal **d.** pronombre de objeto indirecto
3. En España la gente **se da** besos para saludarse. _____
   a. reflexivo **b.** recíproco **c.** impersonal **d.** pronombre de objeto indirecto
4. En Chile **se toma** vino tinto durante las cenas familiares. _____
   a. reflexivo **b.** recíproco **c.** impersonal **d.** pronombre de objeto indirecto
5. Mi hermana y yo **nos bañamos** todos los días por la mañana. _____
   a. reflexivo **b.** recíproco **c.** impersonal **d.** pronombre de objeto indirecto
6. Mis padres le regalaron dinero a mi hermana. **Se lo dieron** porque se graduó. _____
   a. reflexivo **b.** recíproco **c.** impersonal **d.** pronombre de objeto indirecto

Nombre: ______________________ Fecha: ______________

A escribir (p. 286)

10-42 Tecnología. **Primera fase: Preparación.** Haga una lista de tres argumentos a favor y tres en contra del uso de la tecnología hoy en día.

A favor:

1. ______________________________
2. ______________________________
3. ______________________________

En contra:

1. ______________________________
2. ______________________________
3. ______________________________

Segunda fase: A escribir. Escriba un ensayo en el que argumente a favor o en contra del uso de la tecnología. Antes de tomar una postura frente a este tema, considere sus argumentos de la *Primera fase* y los efectos positivos y negativos que tiene la tecnología en las siguientes áreas:

- el acceso a la información
- la medicina
- el transporte
- Internet
- los recursos naturales
- el contacto humano
- el estrés físico y mental

____

____

____

Tercera fase: A editar. Lea de nuevo el texto que escribió y revise lo siguiente:

- **La estructura de su ensayo:** la introducción, el cuerpo temático y la conclusión
- **La precisión en el uso de la lengua:** el uso correcto del vocabulario, de los tiempos y los modos verbales
- **Las formalidades de la lengua:** la puntuación, la ortografía y la acentuación

A explorar (p. 291)

10-43 Investigación. Busque en Internet información sobre uno de los siguientes temas. Luego, escriba un resumen del artículo que leyó.

1. Los efectos positivos y negativos de las computadoras en los niños menores de seis años.
2. Los efectos negativos de la despersonalización causada por la tecnificación.

____

____

____

Notas

Notas

Notas

Notas

Notas

Notas

Notas

Notas

Notas